解構索羅斯——索羅斯的金融市場思維

王超群　著

叢書序

在人類發明了貨幣來代替實物作爲交易的依據之後，又進一步爲了降低運送貨幣的不便，而發明了支票、匯兌等等金融商品，到了近代更爲了降低各種金融商品持有或運作的風險，誕生了延伸性金融商品。有了延伸性金融商品，「錢」的概念不只是「貨幣」、「鈔票」而已，反而變得更加複雜起來，於是使得錢財的處理，愈來愈要講究學問。

事實上，我們在工作上勞心勞力，獲得「錢」作爲報償，並在社會上取得相對的「購買力」，去換取其他人的產品、勞務，再將多餘的錢存起來，留待需要時或是累積一定數量再行運用，這就是現代商業緣起的基本架構。如果我們更進一步，討論如何將錢花得更有效率，或是把多餘的錢做更有效的運用，這就是所謂的「理財」。

本叢書邀集許多金融界的專業人士以及學有專精的理財專家，深入淺出地介紹各種金融商品的運用。若您目前的理財方式，是把錢放在銀行的團體儲蓄帳戶，年利率百分之六點多，和通貨膨脹一比，您會發現，放在銀行的錢很容易隨著時間而愈來愈薄。銀行拿存款人的錢去做各項投資，但是銀行付給存款人的利息，甚至不夠彌補物價上漲的損失。如何與銀打交道，甚至利用銀行，也是一門學問。因此，您不妨考慮本叢書所提及的各種理財管道，讓自己的資金做更有效的運用。

我們希望每一位閱讀 Money Tank 叢書系列的讀者，都能從這裡獲得由專業人士所提供的理財觀念與技巧，並藉此使生活中有更多的餘裕可以完成夢想。或許，透過投資的角度來衡量人生的各項決定，或是思考未來的發展、比較各種選擇的優劣勢，以及所要付出的成本，能夠讓您更緊密地掌握未來的方向，並且更輕鬆地達成理想。

在這個十倍速加速的年代，本叢書的出版希望能爲讀者提供最新與最有用的理財知識。您會發現，這些理財觀念與工具看似複雜，其實不難。用各種理財的管道來規劃人生，是身爲現代人的您神聖的權利，也會讓您的生活更加的美滿。

自序

一九九六年中共飛彈演習震撼了全台灣的人心，同時也吸引全世界的目光重新審視台海兩岸的問題，這是個歷史的轉折事件，同時也改變了我的人生發展方向，由原先的學術生涯迷夢中醒來，腳踏實地面對生存的基本問題。

所謂生存的基本問題，那就是中國大陸的民主進程以及中國大陸經濟的未來發展，這個問題對生活在台灣的我們而言，實爲休戚相關，絕非僅是理念爭辯而已。就是在這一個認知之下，使我了解到我們這一代人所做的每一個實際決策與行動，都將關聯著白身與下一代每一個中國人的未來發展。也就是說，未來所要面對的情境，都是由我們現在的每一個決定所構成，這絕非是建構論與實在論的西方傳統爭議，而是事實問題。

面對這個情況，白許爲實踐哲學家的我，實在無法再停留於象牙塔中進行純粹理念的思辯，而置家國天下與國計民生於不顧。雖然如此，一介書生學者，所能做的也只是理念的闡釋與理論的傳播，而這些言論若無法引起重視與迴響，只怕又是空留遺恨而已。我不願思辯等同於空談，而希冀有所突破，欲同時追求理論與實踐的結合，要達到這個目標必須能夠有效論證究竟思維能對現今的歷史進程產生什麼樣的實際作用，換言之，也就是必須能夠說明並且實證，關於思維的研究，將如何對中國大陸（台灣）的民主與經濟的發展發揮巨大的作用。要能回答這些問題，而且避免口號式的空談，則必須深入地了解問題的內在結構，同時能夠提出具體的解決方法。

台灣社會正面臨一個非常嚴重的問題，就是整體社會人民反省能力的缺乏，理智能力的訓練不足，當外在社會機制（威權體制、父權體系等等）力量一旦崩解，則所謂社會人心的導正，社會價值的重建，乃至社會制度的重構，都將因人民理智能力的不足，而流於空談與熱情的浪費，所以面對社會各個層面層出不窮的問題，除了哀嘆並祈求於國家政府救助之外，毫無能力思考其病因，即使有能力，所達到的程度也極其有限。既然連切身相關的各種實際問題都缺乏思考及解決的能力，更遑論所謂生存的基本問題——即關心中國大陸的民主進程以及中國大陸經濟的未來發展對台灣的影響，當然也對促成中國大陸走向開放社會毫不關心，即使是有進行所謂廣義的開放社會行動，也只是在戰略意義的層面下所帶有的敵意的行爲。

宏觀地勾勒台灣—中國大陸面臨變局的解決之道，其中之關鍵就在於如何使有識之士了解，現今所處的世局是由於整體中國文化區域正處於思想體系重新建構的過程。這個過程不僅尚未完成，而且社會整體又對之投以太少的關注，所以台灣社會的脫序現象只是這個重構過程的反映，要想解決便必須洞察其根源是起因於人心思維與建構能力的缺乏，而且要能夠對這個缺乏做出有效的回應，捨此之外別無他法。若不捉住問題的核心，只一味要求反省與檢討，這都是無效的熱情施放，待熱情消退之後呈現出的情況將是對歷史發展的退卻與順從。

由於洞察了整體中國文化區域現今所處的世局係正處於思想體系重新建構的過程之中，而且中西融合、傳統與現代的融合也都在激烈地進行，無論吾人是否有意識的理解，或者是刻意地輕忽，又或者茫然無意識，人類歷史的腳步終將毫不停歇地向前邁進。在拙著《思維解密》一書中，筆者曾經仔細地探討中國哲學傳統中，講究以生存爲第一要務，而且是以「用」作爲思辯的基礎，並且以此作爲理論模型分析，指出中國哲學未來發展的方向（有興趣深入此一問題的讀者可參考拙著，中華徵信所出版《思維解密》一書）。這個理論模型主要強調的乃是，必須以國計民生息息相關的經濟事件作爲切入點，方能重新彰顯思維的重要性。筆者由索羅斯（G. Soros）金融哲學的研究作爲起點，期待眞正能讓哲學的理論與思維在市場中接受檢證，並且能由此對中國文化區域的思想體系重構做出貢獻。

這本書是由台北開放社會研究中心所策劃推動，隸屬於經濟哲學研究計畫中的一環。對於這個研究中心的相關事宜，將在本書稍後的論述中有較爲詳盡的說明。在此必須鄭重感謝我的幕僚群：許慈恒、林欣慧、龍霈輿等，他們在這本書的成書過程中都貢獻了相當多的心力。

最後必須一提的乃是，筆者思想的發展歷程，王弘五教授的啓蒙與提攜是主要的動力來源，諸多思想與概念的創造更新都來白與王老師的共同批判成長，在此仍然再次致上我最深的感謝。

王超群

台北開放社會中心

目錄

前言

一般有關金融大師索羅斯的相關著作大多是以佛洛伊德式精神分析的寫作方法，來描述其思想與生活，而且內容不外是由敘述其猶太人血統、經歷納粹迫害，以及在成長過程即不斷面臨死亡挑戰爭取生存等經驗所組成。雖說這些經驗的確或多或少影響了索羅斯人格的形成，造就了他的人格特質，但這並不是探討索羅斯思想活動的最有效方法。索羅斯的人格的確具有某種特點，使他較能面對金融市場的波動，但索羅斯的成功之道，絕不是追溯其童年往事所可以掌握，事實上在他背後有著異常深刻的思想系統作爲基礎，指導索羅斯在金融市場的實際操作行爲。所以本書完全不同於坊間書籍一般慣用討論索羅斯的方法，而是由分析索羅斯的思想結構入手，因爲只有這種研究方式，才能藉由研究索羅斯而更進一步獲得在金融市場進行思維活動的相關知識。

索羅斯金融哲學的提出，就是索羅斯用其親身經歷對市場上流行的「隨機漫步假設」提出否證，對此索羅斯提出了對射理論，也就是說對技術指標分析與順勢操作等流行理論的風行提出反省，而這正是值得我們深思的要點。總而言之，學習索羅斯的理論無疑地將能夠使人領悟並掌握金融行情的軌跡，在大行情發生前正確地在底部附近大舉做多，在頭部大量放空。

索羅斯在金融市場中，準確預測市場走向的成功範例不勝枚舉，最爲人稱道的事件有：美國儲蓄銀行業大災難的整治藍圖，在事件發生的前六年他便已提出；早在一九八七年紐約股市大崩盤的前兩年，他便準確預測該事件之發生；他在一九九二年打倒英格蘭銀行，獲利數十億美元……等。所以索羅斯被稱爲當代偉大的市場預測者應當之無愧，而促使他成功眞正的關鍵就在於索羅斯對知識的掌握，使他有別於其他的市場作手而鶴立雞群，也使他對自己的判斷深具信心，即使在最艱困的時期也能堅持到底。而且也由於他對知識的掌握使他對眞理的追求與熱情遠勝過對金融市場的關心，索羅斯與其他因心生內疚而回饋社會的富人是完全不同的，索羅斯眞正關懷人類的生存情況，並且還不止於捐錢關心，他更超越了坐而言的階段，積極地起而行，竭盡全力嘗試著改變世界，我們從他在全球的慈善活動的發展過程，以及參與東歐、蘇聯共產主義瓦解的各種活動都可以清楚的看出。索羅斯在其主要著作

《金融煉金術》（*The Alchemy of Finance*）與《超越指數》（*Soros on Soros*）二書中都不斷的強調，無論是他在東歐與世界各地所從事的慈善活動或是在金融市場中的操作，都有著指導其行爲的哲學，而且這個哲學思維是相同的一個完整的信念系統。但時論者究竟有多少人關心，亦或有多少人具有了解的程度與熱忱，這眞是一個令人感到惋惜的現象。

當然我們都能了解索羅斯之所以成爲知名人物，並不是因爲他在世界各地的慈善捐款，以及在東歐所從事的各種瓦解共產主義的活動，而是因爲他在一九九二年九月十六日逼使英國退出「歐洲匯率穩定機制」（Exchange Rate Mechanism），並因此賺得數十億美元，而一舉打響了名號，成爲世人關注的焦點。但對台灣大多數的人來說，一直到了一九九七年底發生迄今尚未平息的亞洲金融風暴，才逐漸了解這位金融大師的威力。然而身在台灣的我們對索羅斯的整體性了解，仍然非常有限，我們依然可以看見大多數的學者仍以輕蔑的口吻對他的所作所爲以「投機客」三個字一語帶過。但我們必須要了解在現今的世界與未來的世局，完全是以金融市場與資訊空間作爲決戰的處所，而這一個似有若無的眞實與虛幻相關的世界正無遠弗屆地影響世局的發展與國計民生的走向。事實上，在一九九七年底發生的亞洲金融風暴中，台灣已經逐步了解這個變化的可怕，但眞正的反省只怕尚未開始，因爲能夠深入這個問題核心的思想者，必須在理論與實際界沈浸多年，並且能將金融與資訊這兩個領域徹底綜合思考，可以說是必須具備有穿越「有」與「無」之間的能力，這絕非一般學者所能觸及。

在本書中筆者主要是從索羅斯這個範例談起，因爲他的作爲確實在金融層面上深刻影響了我們的生活，而且無論是在實際的經濟層面，以及他整體運作中所涵藏的深刻哲學思維，都實質地對財經界以及思想界，甚至國家領導與決策者產生相當大的震撼。雖說如此，但相關方面的研究至今仍然相當貧乏，財經官員與學者（包含號稱研究索羅斯多年的學者專家們）對於索羅斯所代表的當代金融市場嶄新的運作形態在理解上有著相當程度的欠缺，這也是台灣長年以來對思維能力訓練輕忽的必然後果。這種現象絕不是在短時間內所能扭轉的，因爲涉及的是整體性的缺乏，本書的探討應只能視爲一個開端，希望藉由探討攸關生存的經濟、金融問題使得所蘊涵更深層的思想問題能夠彰顯，筆者相信從最切身相關的生存、經濟問題出發，我們應該能夠期待藉由思維架構的重整，導引出對社會價值觀與倫理的重建。

楔子

索羅斯的成功方法是世人所關心的問題，但我們必須注意的是索羅斯的事業發展與他的思想信念間有著密不可分的關聯。所以要想了解索羅斯如何成功，第一步便是要掌握「實踐哲學家」這個觀念。所謂的「實踐哲學家」就是思想與生活合一，行事是思想的落實，思想是行事的前導，而且「思想」所指的是有系統、有反省的思維運作，而不是泛指有想法而已，所以這是想要了解索羅斯最爲重要的關鍵，我們可以說索羅斯的人生與事業都是由「實踐哲學家」這個觀念所貫穿，如果無法掌握這個要點，所有對索羅斯的討論都將不著邊際。

西方思想的傳統，在哲學宗教層面上，主要是由基督教的文明體系所貫穿，源白希臘的西方哲學思辯又有實在論與建構論的分野與對峙，無論從哪一個角度來看，西方重要的成功人物，其思想在深層的面向上，都與這個傳統密不可分。索羅斯非但不僅只是接受文化的感染，而且他還旗幟鮮明地強調他的一切作爲都是從哲學思辯開始，他甚至還強烈的指出哲學思辯是他生活的全部，將自身的行爲視作對其所信奉哲學的一種實踐。所以他是「實踐哲學家」的最佳典範，觀察他的行爲無論是在賺錢（作爲金融投資者），還是花錢（作爲慈善家）都明白的顯露出這個風格。索羅斯選擇的存在方式，是一個能夠思想而且能夠把這些思想用諸於世的存在狀態。也正由於索羅斯具有思想的能力，所以他具有大多數參與者所沒有的超人賺錢本領，而且還能夠控制金錢來作爲他實現理想的工具。

一般分析成功人物的致勝因素，不外乎以重複他的豐功偉業作爲描述素材用來謳歌，或者當作是勵志的文獻，用來啓發讀者形成向上的動力。誠如前言中筆者所提，大多數介紹索羅斯的書若刪除描述索羅斯的猶太人血統及從小經歷納粹迫害等一般常用的伊底帕斯式精神分析描寫以及歌功頌德的部分，最後只怕所賸無幾。而本書卻與一般的作法完全不同，筆者要分析的是其成功背後深刻的思想系統，揭露此思想如何影響並指導索羅斯實際的金融操作行爲。因爲談論索羅斯這位當代金融市場作手的典範，若僅僅使用他成功的事蹟來啓發思想，只怕是浪費了一個極有研究價值與實用價值的範例，因爲索羅斯的思想不僅具備有後設啓發的功能，而且更重要的是他的思想方法可以邏輯性地加以掌握與學習，這意味著透過深入地探討與學習，就能清楚明確的掌握索羅斯的思辯原則。如此一來，將能夠透過索羅斯的思想使我們開始有系統的了解當代金融市場如何運作的奧秘，不僅如此，一般讀者還能將學習到的思想運用到個人思想境界的提升與改善金融投資的行爲，所以徹底研究索羅斯思想是有極其深遠的意義。

索羅斯思想在金融市場中落實於金融操作與金融商品的運用，這是無庸置疑的，因爲這是一個手段選擇與目的達成的過程，但也因爲在這上面索羅斯的表現太過出神入化，有違一般人對金融市場運作的理解，所以大多數人都將索羅斯理解爲一個金融投機客，因此會有人說爲什麼要去研究一個投機客的思想，未免太過無聊，就是因爲持這種觀點的人太多，所以才使得大衆進一步了解索羅斯的機會大爲下降，須知在已經有了先入爲主的觀念的情況下，如何能更進一步去理解索羅斯的思想與信念呢？

誠如筆者所強調當代金融市場與資訊領域的高度發展其運作已經遠遠超出一般人所能想像，而其中主導著整個市場的人要不就是沒有臉孔，否則就是汲汲營營於創造更大利益，要像索羅斯一樣有一個完整的思想體系能夠讓我們研究，這樣的例子實在少之又少，索羅斯所有的投資行爲、操作行爲都因爲他的思想運作而邏輯性地形成一個縝密的體系，故事實上是有可能透過他來了解當代金融市場運作的步驟與秩序。當然，膚淺的論者會說道：完整的思緒、詳細的計畫和具體的步驟，可以說是每一個成功的人物都具備的條件，非索羅斯專屬，持這種論點的人實在大錯特錯，因爲索羅斯與其他成功人士最大的不同在於索羅斯不僅只是運用謀略配合機緣來獲得成功，最特別的乃是他基於完整哲學背景的思想運作帶給研究者可重複的科學研究之可能，這對於學習投資或者決策者而言是一個千載難逢的機會，有多少作手能夠完全揭露白身思想運作的方法，給世人有條理的依循呢？不是那些成功的人不肯，而是他們根本不能，一般性的策略加上機緣根本是一個無法重複學習的過程，對於那些成功人士的研究眞的除了啓發之外找不到任何其他的價值。

這是一般人所難以理解的領域，即使是在華爾街，或各國的財經決策當局之中，能夠同時具備有專業經驗與相當程度思辯素養者是寥寥無幾的；像索羅斯這樣的人物，對於我們理解人的思想如何能夠與行動結合是極具研究價值與實用價值的。所謂思想與行動結合，就是中國哲學中所強調的「知」與「行」的結合，在索羅斯的這個典範中，他的作法完全依循於他的想法，可以很清楚地看到「知」與「行」之間的結合，理論與實踐之鴻溝的跨越，在索羅斯的典範中給予了我們深刻的啓示與實證的範例。因爲索羅斯不斷的強調他是因爲能思考，所以才能從事投資行動與金融工具操作，這就是最好的說明，索羅斯在其主要著作 *The*

Alchemy of Finance 寫到：

「我將金融市場的發展視為歷史過程，這使得我的理論極度適用於類似共產主義瓦解的歷史過程。我確實運用了我的理論，而且就整體而言它使我比大多數人更能正確地預期事件的發展。猶如我所發現，金融市場的繁榮—崩解過程與蘇維埃體制的興衰，兩者之間存在著極度的相似性……」

從這個論點切入就可看出索羅斯的確與其他成功人士有所不同。一般而言，大多數的成功人士，固然有謀略，但是他們的想法並不是很明確的，而是在邊做邊想的過程中逐漸形成，一般人難以分辨這和索羅斯強調事先先有一個想法（理論），然後再用那個想法去做事，這之間究竟有何分別。在一般成功的典型中，「知」與「行」之間的分際是較爲含混的，但索羅斯是先確立「知」再進而「行」，也就是說在「知」尚未明確前絕不會展開行動，更進一步地說便是必須先要有一套完整的理論，先在思想層面上尋求其可行性，然後才按照這個思想去做，而且不管是在思想層面或者實踐層面的批判，都意味著將指涉實踐的意涵。與一般人知行含混的行爲模式相較，索羅斯徹底地強調了「知」的部分，索羅斯是直到發展出一套縝密的理論之後才去做。如此一來，在理論實踐的過程中修正的步驟將會減少，修正的有效與否也較容易精確分辨，將糾正錯誤變爲有組織、有系統的工作，即使是要揚棄一個投資行爲，也是在一個極度理性的情境下進行。索羅斯之所以能夠如此，是因爲他徹底地理解把握當代大哲學家波柏（Karl Popper）的哲學思想，透過波柏的學說，索羅斯能夠對近代科學發展以來改變世界的思想力量產生深刻的體悟，並且從中發展出屬於索羅斯自身的思想精華。

就是因爲這個背景，讓一般人在討論索羅斯的思想時遭遇相當大的困難。因爲想要了解索羅斯的思想必須同時了解對索羅斯產生最深刻影響的波柏哲學，而波柏這個大哲學家在知識的領域上對當代文明進展有重大貢獻，他的思想理論若沒有長時間的投入研究也是相當難以理解，所以這增加了研究索羅斯的困難，但筆者必須明確指出，如果不由這個角度切入，則索羅斯在市場上的一切行爲又變爲虛無飄渺，因爲這無異於只觀賞到索羅斯的招數而忽略推動他使出這些招數的原因，一般理解索羅斯就是不斷的歸納他的招數，而不直指他的心法，這種研究方法，不僅成效有限，只怕所學也只是皮毛而已。

索羅斯的整體思想就是在金融市場中對波柏哲學的應用與詮釋，只是在某些應用的層面中，索羅斯部分的修訂了波柏的觀念，所以根本無從區分波柏哲學與索羅斯思想，也就是說不能離開波柏哲學來理解索羅斯思想，索羅斯哲學就是波柏哲學的發揮，也就因爲如此，索羅斯稱他自己是一個「失敗的哲學家」，因爲他沒能在觀念的創見上完全超越波柏。其實，如果將哲學的理論與應用視爲思想運作的一體兩面，則索羅斯的表現是相當優秀的，可以說是名副其實的「實踐哲學家」。所以我們必須理解波柏的哲學體系爲索羅斯思想的骨幹而非背景，如果在這方面理解錯誤，則欲理解索羅斯思想將毫無可能，所能理解到的將只有毫無生命力的招數而已。索羅斯承襲波柏哲學最主要是展現在「科學哲學」、「方法論」以及「開放社會的概念」三個面向。而在實際運作上，索羅斯對於波柏哲學的改善及應用，大致上也湊巧分爲三個要點：第一，索羅斯提出人會犯錯的概念，系統化波柏的從錯誤、從問題開始的哲學體系；第二，索羅斯提出「對射（reflexivity）理論」、「繁榮與崩解模式」，這個理論使我們看到索羅斯在金融市場如何應用波柏理論；第三，索羅斯將波柏哲學運用於金融市場的心戰與謀略層面，對波柏的解構方法更是深得其神髓，而且在實際層面運用得爐火純青。這些論點將在本書之後的討論中開展。

當然筆者了解絕大多數的人只關心他到底如何成功？如何賺到這麼多錢？本書就是要透過剖析他招數背後的內力與心法，來解開索羅斯是如何利用他的思想去賺錢，其實正如前文筆者所談及索羅斯思想的奧秘是能夠學而得之，只是運用人人不同罷了，理解索羅斯的思想，至少在做金融的決策判斷之際，可以非常的理性，也就是在思維的層次上可與大師確切的比肩而行，至於是否因此大富大貴則看習者的火候以及天命與機緣。

另一個深受波柏影響的面向就是，索羅斯不斷的提醒我們，他並不是那麼關心賺錢，他投入金融市場只是因爲他有賺錢的天分，所以很白然的就利用白身的天分去賺錢，所以雖然他是一個不折不扣的大資本家，但他有著與衆不同的目的，他是爲了追求高尙目的而賺錢。他的崇高理想就是承白波柏哲學的終極關懷，就是對開放社會的追求。

索羅斯身爲一個成功的投資家、金融家，所以同時具有相當大的影響力。索羅斯將他的影響力分別發揮在兩個層面，一個層面是在金融市場的操作；另一個層面是作爲一個具有重大影響力的慈善家。索羅斯不僅捐出錢，而且他還親白投入所想改變的事件中，熱切地期待經過理性思辯，進而改變事件的現況，這也是世人所好奇的：究竟是什麼樣的動機驅使著他如此熱切地想要去改變世界？以及他所想要追求的理想世界是什麼？這些看似相當深奧的議題，事實上在對波柏哲學稍做涉獵之後則自然能夠通透。當然在文化背景上值得提出的乃是，索羅斯承傳自西方文藝復興時期開始，影響近代資本主義發展的新教倫理背景，這個背景多少成爲成就其一生事業主要的根源與動力，也就是說除了索羅斯個人因素外，還有來自宗教背景的召喚與使命，使其能夠堅定依循信念而行。之所以索羅斯會選擇「資本」作爲實現理想的工具的原因，是因爲以「資本—錢」作爲工具，不僅在現實層面上具有絕對的威力，而影響所及則將涵蓋人類生活的所有層面，這不可能爲任何研究者所忽略。可是同時這也解釋了他爲什麼強調賺錢不是他的主要目的，他只是將賺錢當成他達成理想的工具的部分原因，也就是說錢是「工具因」，而「目的因」則是對理想的追求。

索羅斯的理想就是他不曾止歇宣揚的「開放社會」理念，以及對此理念的落實，索羅斯堅信「開放社會」的這個觀念對普遍人類有益，他爲了讓每一個封閉社會能夠逐步走向開放社會，讓我們生活的世界成爲一個更好的世界，所以他爲了這個目的而努力賺錢。這也就是爲什麼索羅斯近年來積極的努力要嘗試使中國大陸走向開放社會的背景，了解他的背景對他的舉動就不難理解，至於他如何思考中國大陸的開放社會行動，以及我們能有的作爲，稍後書中將陸續討論。

索羅斯提出他的金融思想正是在美國一九七〇至一九八〇年代末期，技術指標與順勢操作成爲主流的流行理論之際，而今日我們所處的世局正和索羅斯提出他的理論的背景情況十分雷同，索羅斯用他的親身經歷對市場上的流行，提出實際的否證。今日的時局或許不再是技術分析理論被信奉爲市場唯一圭臬的時期，但在電腦螢幕前的亮光與數據決定了市場走勢的情境從未曾改變，任何的事件都被解釋爲這個變遷過程的反應，就是在這種變幻莫測的階段，索羅斯的對射理論更凸顯出價值，他不但描述在金融行情發展的過程中參與者間的互動情形，並且預測極端點與市場均衡點間的動態軌跡之發展趨勢，這個理論的研究對理解當代金融市場的變遷實在是相當重要的。

本書的論述主要是由探討索羅斯金融操作的思想體系，和他的終極關懷——「開放社會」所構成。在第一部分將大致勾勒索羅斯的一般面貌，主要是希望讀者能夠在研究他之前先對他個人形象做出「現象學式的還元」，以免陷入主觀認識並受媒體報導的牽引；第二部分則側重於他在金融市場的操作，相信這也是大多數讀者所最關心的部分，在這部分首先筆者將有系統的分析索羅斯的思想體系與波柏哲學的關聯；其次，將說明一般對索羅斯成功方式的理解，在對照了索羅斯的思想體系之後，會出現何種樣態，最後將嘗試在我們所處的金融市場中實證索羅斯的理論，這其中主要包含了「一九九七年——一九九八年亞洲金融風暴」、「一九九七年——一九九八年台灣電子股的傳奇」，以及「股價創價行動」等三個實際例證，這將是本書中最具挑戰性的章節；第三部分筆者將說明索羅斯的終極關懷以及我們的回應，這個部分是本書之所以成書的精髓所在，值得讀者一閱。也就是說，透過本書的解析，讀者應有可能對索羅斯有明晰的理解，但要牢記在心的是，要全盤掌握索羅斯，本書只是一個起點而不是終點。

第一部　索羅斯的雙重形象——投機客與慈善家

「恬淡為上。勝而不美，而美之者，是樂殺人。夫樂殺人者，則不可得志於天下矣。」

道德經•第三十一章

第一章　實踐哲學家的使命、形象與爭議、行事風格

使命——以資本作爲工具實現理想

如前所言，索羅斯選擇以資本市場的金融操作作爲實現理想的工具，乃是基於資本市場的威力與殘酷足以作爲檢證社會科學理論（含經濟學、財政學、政治學等學說）的實驗室，換言之，即是以成敗作爲銳利的檢證標準。再加上源自文藝復興時期的新教倫理對現代資本主義的影響這個背景，都是促使索羅斯選擇以資本市場的金融操作作爲逐夢園地的原因。在當代社會學大師韋伯（M. Max）的巨著《新教倫理與資本主義精神》一書中，曾經具體地描述現代資本主義興起與喀爾文教派的關聯。書中描寫在現代歐洲社會裡，「商業領袖、資本家、以及高級的熟練勞工、甚至現代企業裡受過高度技術與商業訓練的人員，幾乎都是新

教教徒」。韋伯所描寫的不是現象，而是歷史事實。

世人多是專注於經濟活動和利益追求，經濟活動有別於「精神」世界，其所直接面對著的是「物質」世界，然而新教非但對教徒的日常活動嚴格控制，還要求教徒接受嚴謹的生活紀律，而且將經濟活動視爲成就的一環，由此宗教因素便注入信仰者所有層面的生活。這是現代資本主義與傳統最大的不同，現代資本主義並不是建立在與道德無關之個人利求上，而是建立在把有紀律的工作義務視爲一種職責這樣的想法上。所以現代資本主義的精神具有慾求日益增多的財富，卻嚴格避免所有天性享樂，個人幸福與利益被認爲是一種非理性的行爲，就是因爲這個特色，使得賺錢成爲人生的目的，而不再是滿足個人物質生活目的的手段。人與賺錢的原始慾求與滿足關係，完全被顚覆了，雖說這種顚倒不盡合理，但很明顯的，這卻是現代資本主義發達的一項主要因素，這是沒有受過這種資本主義影響的人所無法理解的。因此，透過正當的經濟活動來投入財富的追求，並且避免以這種經濟活動的所得來作爲個人的享樂，這兩者結合起來就成爲現代資本主義精神所獨具的特色。此一精神乃根植於一個信仰，認爲在一個選定的職業上有效率地工作的價值，不但是一種義務也是一種美德。

索羅斯的文化背景就是在這樣一個氣氛之下形成，當然他對這個部分並未特別強調，但筆者要指出，索羅斯的行事風格，與現代資本主義經濟的主要特性：基於嚴密的計算，力求行動進展合理化，為了追求經濟成果而事先小心計畫是相當符合的。

形象與爭議

在道德層面上索羅斯常被人批評，因為他在金融操作上所引起的軒然大波，透過媒體報導所看到常常是一般人民因此而受害，所以即使是他用所獲得的利潤去幫助他人，也常常被批評為受他傷害的人比受他救助的人更多，還有批評者論到，既然他要達到開放社會的目標，那麼他的目標應該是政府，怎麼可以由人民來承擔大部分的後果與傷害？所以索羅斯給人有操控他人命運的印象。

基本上這是一種誤解，其實市場的急跌與急漲隨時都可能會發生，不見得要有索羅斯的金融操作行為。比如發生在一九九七年台灣股票市場的電子股暴漲與暴跌的情形，沒有索羅斯也一樣發生了。政府應該有方法控制急漲與急跌的發生嗎？答案是充滿爭議的，各種市場供需的理論充斥，但結果卻是一樣，按照索羅斯的理論模型來看，這也不過就是金融市場不穩定的特色而已。政府所應當扮演的角色，是制定好遊戲規則，讓每一個參與者都可以投入，一旦規則制定完成，不論有多少的破綻也必須透過規則的改善來處理。而索羅斯只是洞察了遊戲規則的破綻，任何人不能因爲別人依遊戲規則「玩」得比較好，就主張將優秀的選手趕出場，制度不可能只管漲不管跌，這並不是制度應該解決的問題，自由的市場不可能制定一個制度讓價格只能跌不能漲或只能漲不能跌，價格的形成應當取決於參與者的判斷，這並無涉於道德的問題。但有一個前提必須了解，那就是絕對道德與相對道德的爭論有史以來就一直存在，雙方的爭辯一直持續著，沒有標準答案。在明瞭了這個事實之後，我們唯一可以確定的是歷史上從來沒有絕對道德戰勝相對道德的時候。這種不斷的爭辯，其實也可視爲是一種確定的表現，也可以說是一種常態。相較於此，知識的基礎似乎也是不穩固的（這也是波柏的主張），能夠意識到我們沒有穩固的知識基礎，這是一個重要的體認，對此論點索羅斯則應用到了各個不同的層次，包含了政府制度、金融制度的設計等等。

一九九八年初，印尼總理馬哈迪與索羅斯在世界銀行的爭論焦點就是在這個核心問題上，客觀地來看，這是制度設計的問題，爲政者政策上錯誤的決定造成的後果，絕不能試圖由道德層面的論辯來逃避實際所發生的問題。任何一個國家會出現金融危機，或許也正意謂著為政者過去也是用炒作的方式進行經濟活動，試圖製造繁榮經濟的假象，而實際上並沒有深厚的支撐基礎，又或者官僚制度的貪污腐敗，也可能產生金融市場的動盪，這也就是一九九七年迄今尚未平息的亞洲金融風暴的內在結構。這個風暴的前因後果是誰造成的，我們可以說可能的直接因素是由索羅斯催化、引爆，但更重要的是，無論有沒有索羅斯，事情都要發生，他只是抓住了這個反轉點，這也就是索羅斯的厲害之處。

我們無法去期待索羅斯擁有一個完全正面的公益形象，因為他同時具有兩個性質截然不同的工作，而且塑造正面形象也不是其行動的準則，如同柏拉圖所談的人性與神性的二元理論，在每一個人的身上都是有可能發生的，與其要求一個人擁有完美的社會形象，還不如來欣賞他是如何將人生這場戲，表演地淋漓盡致。所以索羅斯說他是一個廣義的評論家，在金融市場及在社會實踐的各個領域上，索羅斯所做就如同他在哲學的工作上一樣，只是指出錯誤，盡力改善錯誤，雖然錯誤的指出，有時會摧毀了整個系統，但這就如同在哲學史上休謨（D. Hume）對歸納法所做的批評一樣，結果仍然對人類知識的成長具有正面的意義。

索羅斯之所以對金融市場中一般人所相信的理論提出批判，主要是要我們去了解，所謂的穩定理論基本上是建立在幻想上的，因為理論是由人所造成，放在股票市場上一般使用的形態學分析、基本面分析都有可能是不準確的，如同去年台灣股市投資人，盲目地相信高科技類股的未來發展不可限量，而引發在股價最高點的瘋狂投資行為；以及九七年初對東南亞以及香港前景的美麗預測都是最佳註腳，藉由這些經驗我們就可以了解，依循固定法則進行投資行為的風險何在。索羅斯之繁榮與崩解（大起大落）的理論模型，就是在捕捉投資行為將在何時犯錯的理論模型，這是理解索羅斯金融思想重要的關鍵，在下文中筆者將用台灣股市的實際例證來解釋，讀者便能更清楚知曉，台灣金融市場的淺碟形態與不穩定，正是對所有相信固定法則的研究者所提出的最佳否證，也正是索羅斯金融哲學所適用的區域之一。所以筆者再三強調，不管是學習索羅斯的投資行為或者是要所謂「防範」索羅斯的投機行為，都應當由他的金融哲學入手的原因就在於此。

另一個索羅斯所引發的爭議是他使用金錢作為工具以實踐理想而遭致財大氣粗的批評，同時也有評論者談及他應該採取一般的常規，例如興建醫院、圖書館、贊助藝術活動等等，而不是去搞所謂的「開放社會」行動。甚至更有膚淺的論者會認為，什麼叫做為了高尚目的而賺錢，賺錢就是吸血，既然要行善就只能採取宗教募捐的方式。這又是另外一種絕對道德式的高調，其實這種論調只說明了混淆知識層級與道德層級的無知，因爲如果仔細深入思考，會發現依照常規的方式（例如在募款上採用宗教方法）所產生的效果非但不直接，而且也無法在具體生活中產生實際影響。因此在索羅斯看來，這種方法或許能夠達到一定的效果，但是成效是不顯著的，而且也不夠積極。從另外一個角度來說，按照常規去興建醫院、圖書館、贊助藝術活動等等，在索羅斯的觀點中，這只不過是富人另一種添購裝飾品的方式，或者是對於罪惡的補償，甚至更糟糕的是透過這種捐獻賺取更多的金錢，博取更多的名聲，或取得更大的影響力，索羅斯認爲這些都是無聊的舉動，因爲根本沒有必要在死後千古留名。此點是索羅斯與其他資本家捐獻最大的差異點，而且他始終對這個信念堅持不變。所以批評他捐獻是爲了賺取更多金錢的評論者若不是無知就是誤解，甚至可以說是刻意地污蔑與抹黑。

索羅斯行事風格的特色

索羅斯在金融市場活動的行事風格，從他本人的描述以及一般對他的評論，可以歸納出下列三種特色：第一，能夠洞察經濟事件形成的內在原因；第二，使用的方法與組織彈性靈活的程度可以稱得上千變萬化；第三，索羅斯對商品多空時機的掌握。針對這三個特色，大家都感到懷疑與好奇，到底索羅斯是如何具有異於常人對於事件的洞察能力，甚至因著這種懷疑與好奇過度的強烈，乃至於演變為負面的質疑，會去揣測索羅斯的投資行為是否為內線交易的一種。無論是被其優異的能力所眩惑，或者是負面的質疑，我們將要拆解他如何做到倍數的成長，而且能在全球進行各式各樣「多」、「空」皆宜的投資行動，其所依循的金融哲學與思想結構，首先應由他的思維背景與思想結構相互印證與探討開始。

索羅斯比大多數的人都能夠洞察經濟世界情形的內在原因，在這點上他自己也曾提及，也就是他能準確地預測而且解釋為什麼會崩盤？為什麼會大漲？是哪一個政治事件接連引起了經濟的波動等等，也就是他具備有看穿一個大家看起來毫不起眼的事情所將引發的連鎖效應，而且他也可以去抓住新趨勢的形成，我們甚至可以說他是扮演著先知的角色，當然我們也要了解他不見得每次都是正確無誤，畢竟他是波柏「證假」（falsification）理論的信徒（如同筆者一樣），但就過去他的紀錄而言，我們是可以了解他的確具有這個特色。

另一個特色，就是組織的靈活與彈性，使用方法的千變萬化。我們可以說他幾乎沒有特定的方法可以讓投資人去依循，也就是說你無法看出在什麼樣的條件之下索羅斯會進場，而且即使他進場你也無法確知他到底是會做多還是做空。因此，揣測他的實際投資行爲，基本上是非常困難的，相對於此，因爲他的思想非常縝密，所以實際行動的彈性靈活，其緊跟趨勢的作法，仍然是能夠從思維法則的角度去掌握。由於他沒有固定的行事法則，而只有固定的思維法則，這使得其相較於華爾街另外一個投資大師——華倫・巴菲特（W. Buffett）的行事風格，會顯得索羅斯的行事風格特別難以令人理解（註一）。

索羅斯另外一個給人印象深刻的感覺是，他對時機的掌握非常巧妙，他的下注點，很可能剛好就是一個極大的反轉點，無論是轉多或轉空，與其懷疑是否因爲他的影響力所以能知道很多內線，還不如分析他具有這個能力的思維條件，事實上這一點與能夠洞察經濟世界內在形成原因的理由是相同的，就是因爲他能夠洞察，所以他才能夠準確地掌握時間點。

以下筆者將針對索羅斯的這三個特質，在他的思想結構中逐一分析，使讀者了解到若沒有具備專業哲學思維的背景與訓練，是不可能塑造出今日的金融大師。

註一：華倫・巴菲特的風格與方法非常地固定明確，你大致上可以知道在什麼樣的條件下，巴菲特將會進場與出場，而且他會投資的股票形態與種類，也非常簡單易懂；索羅斯的方法剛剛好與之相反，他幾乎是呈現了無招勝有招的狀態，所以一直充滿了神秘色彩。

第二部　索羅斯的贏家哲學——繁榮崩解、大起大落

「將欲歙之，必固張之。將欲弱之，必固強之。將欲廢之，必固舉之。將欲奪之，必固與之。是謂微明。柔弱勝剛強。魚不可脫於淵，國之利器不可以示人。」

道德經．第三十六章

第二章　索羅斯的哲學系統

「從創世之初，神就不曾向我們昭示世間的所有奧秘，只有在時間的歷程中通過探索，我們才能更好地知曉。然而那確實的真理，卻從無人辨識，將來也不會有人知道，不論是神還是我所言說的萬事，即使偶然有人說出那終極的真理，他本人也不會覺察，因為所有的一切不過是猜測編織的蛛網。」

——色諾芬尼（Xenophanes）

這段引文是波柏最喜愛引用的先蘇時期哲學家色諾芬尼所遺留的殘簡，在這段引文中波柏指出了他哲學的中心主旨，並且這個主旨與索羅斯緊密相連，在本章中筆者將嘗試著爲讀者揭露其中的關鍵。

談論索羅斯哲學，首先要掌握的關鍵乃是：並沒有系統化的索羅斯哲學理論存在，只有波柏的哲學系統的索羅斯運用，也就是說索羅斯哲學是針對波柏哲學的一種改良與運用，因此我們非但不能將二者分開來討論，而且必須要由這個角度切入，才有可能解開索羅斯金融哲學的奧秘，所以任何有關索羅斯在金融市場的思維運作之討論，沒有觸及波柏的哲學體系，都有言不及義的危險。

索羅斯白己不僅只是提及，可以說他已經將與波柏哲學體系結合的情況視爲理解白身的方法，他曾明確的說道：

「波柏哲學對我的人生發展有相當大的影響力。它所影響的不僅是我的思想，而且還有我的實際行動。看似奇怪，但他的哲學確實對我的事業做出有形的貢獻，而且影響了我的慈善活動，就如同我的基金會名稱——開放社會基金所做的宣誓一般。」（註一）

索羅斯在此還明確的指出哲學處理無法解決的問題，而且哲學思維不僅只有解決問題，還進一步分析爲何問題無法解決。這正是索羅斯對波柏哲學正確掌握的明證，也同時明白的向所有研究他的人宣布，理解他思維的秘訣何在。他寫道：

「如果宣稱，我的人生受到波柏的影響是成立的，而且很清楚地，波柏所做的遠勝於此，波柏的哲學令人想起，在早期哲學還不屬於知識的分支，哲學思維已是所有判斷力的基礎。」

波柏哲學的魅力

波柏哲學的魅力就在於波柏哲學具有其他哲學所鮮少具有的實踐力量，而且波柏的研究又與傳統哲學直接關聯，使得即使是傳統的哲學研究者也不得不正視他的學說所帶來的影響，所以不管在哪個領域，凡受到波柏哲學影響的人，整體生活的各個層面都會深刻的感染到波柏哲學的實踐力量，波柏哲學本質上就是一種行動哲學。

波柏的學說已經在本世紀對許多重要的科學家產生了深刻的影響；他的政治思想，更是自由世界的理論基礎；而他所獨創發展的解構方法，更領先於現今流行的解構主義學說，而且較諸現今的諸般理論更能夠有系統的深入論辯的議題，而他所主張的批判—摧毀—重建的過程，只要有心學習，不必要有超人的天賦也能透過批判展現出睿智，這與講究才氣縱橫的藝術性哲學有著巧拙的根本區分，而科學與理性原本所應強調的就是重複檢證的過程，索羅斯正是透過學習波柏而顯露自身，所以筆者才會在此再三的強調絕不能忽視波柏哲學的影響貫穿於整個索羅斯思維運作體系的事實。

以下筆者將逐點討論索羅斯思維和波柏哲學系統的關聯。承前所言，波柏哲學曾經對當代科學做出了重大貢獻，而主要是表現在：第一，對歸納問題的解決；第二，科學與非科學的劃界問題；第三，知識的增長問題；第四，客觀知識的討論與界定；第五，世界一—二—三理論模型的提出（有關這方面的發展奠定了當代認知科學的理論基礎）等五個方面。

其中與索羅斯思維密切相關的是歸納問題的解決、劃界問題和知識的增長這三方面，以及處理問題過程中所發展出來的科學方法。同時波柏的政治思想中，主張的「開放社會」理念，也深刻地影響了索羅斯，成爲索羅斯自身哲學體系的積極關懷，同時也使之成爲索羅斯終生奉獻的理想。在冷戰時期，波柏的理論提供了自由世界對抗共產主義的理論基礎，而索羅斯透過他的行動落實了波柏的理論，使得波柏的理論能夠與實踐徹底的結合，在實際的運作上以成果作爲檢證，索羅斯在這方面的貢獻將使得他名留青史。

索羅斯思維體系就是波柏科學哲學體系

索羅斯明確的指出，在他看來：

「波柏的偉大在於發現了證實與證假的不對稱。」

也就是索羅斯抓緊了波柏哲學的重心，科學的理論永遠不能被證實，只能證假。「理論能被證假的事實，可用來作爲一個準則，合於它者則爲科學。這是一個界限的準則（它定義了何者爲科學），而非眞理的準則。」索羅斯指出「不對稱」與波柏哲學對歸納邏輯的拒斥是他從波柏哲學中學習到最重要的部分。因爲索羅斯理解到假若歸納法能夠成立，那麼科學的理論豈不是能夠藉著使用歸納邏輯而被證實。因此索羅斯明瞭到，證實與證假的不對稱關係及對歸納邏輯的拒斥，其實就如同是銅板的正反兩面。

「我相信它所具有的意涵遠超過歸納的問題。它觸及了人類理解力的基本缺陷，科學對我們而言是最為緊密的，即使科學知識並不那麼完善，我們依然能夠了解所處的世界。這個結論不但與科學性的事物相關，而且也與我們整個信念結構及介於信念與現實間的關係相關聯。」

索羅斯深刻的進行反省波柏所給予的影響：「波柏給予我的吸引力是存於這些廣博的涵義中。如果確切性是無法獲致，那麼那些宣稱擁有眞理的人便是錯誤的。」並且索羅斯透徹的了解眞理唯有透過嚴格的過程才能夠被趨近，而這個過程所有的概化（generalization），皆爲暫時性的成立，並且受制於證假。而索羅斯也明白了這個過程不僅在科學方法中有效，也大可用於其他論述，包括政治、經濟、社會在內，所以索羅斯大膽在金融市場中建立以波柏哲學體系作爲基礎的操作模型，索羅斯以下的這段話說明了他對這個問題的把握：

「科學哲學的狹隘界限內，波柏建立了一個只使用演繹邏輯的科學方法模式。它包含了一組特殊的原初條件、一組特殊的終極條件及一組統御二者關係的概化。這種概化具有假設特質，受制於實驗。當與已知的原初條件相連，概化生產出預測（prediction）。當與已知的終極條件相連，概化則提供了解釋。有一個對稱存於解釋與預測的邏輯結構之中，而對稱是模式中清晰可見的特徵。概化可藉由初次使用預測或解釋而後觀察遺失的終極或原初條件來被實驗。一旦實驗證明假設成立，則假設能夠暫時被接受成立；而一旦證明假設有誤，則假設必須被遺棄，代之以另一個假設。實驗過程越嚴厲，則假設的解釋與預測越有價值。」

由此我們可以明瞭，索羅斯對於波柏哲學的掌握與運用，實在已經超出了一般論者的思考水平，這也說明了爲什麼一般在討論索羅斯的思想彷佛帶有神秘色彩，因爲當要了解一個人的思維，而又刻意的只談那些未澄清的作爲，不去觸及他明白揭露的思想，所做出的所謂「研究」無非只是霧裡看花。

筆者再三強調的乃是波柏哲學是可以「學而致之」，所以索羅斯的思維模式也是一樣，透過學習，索羅斯將不再遙不可及、神秘莫測。所以以下筆者將由波柏學說影響索羅斯思想形成的最主要幾個部分分別闡述，並同時指出索羅斯被影響的部分何在。

索羅斯的思維方法來自波柏的科學知識增長理論

波柏的「科學知識的增長」有六個要點：

㈠科學知識的增長並不是指累積式的進步，是指能夠從錯誤中學習，能夠經得起檢驗。

㈡科學理論進步的標準或特徵是：包含更大量的經驗內容，具有更大量的解釋力和預測力，能夠經得住更嚴格的檢驗。

㈢科學理論的內容越豐富，它的眞實性概率越低，一個述句爲眞的概率和它的內容成反比。這意思是說，一個述句爲眞的概率越高，它的內容就越簡要。根據傳統歸納法論者的看法，科學家所追求的是描述這個世界概率最高的命題。然而波柏反對這種看法，他認爲任何人都可以隨便做出概率幾近於「一」的預測，因此，波柏認爲，概率低，內容傳達性高，然而卻接近事實的命題，才是科學家需要的命題，傳達性內容與概率成反比，卻與可檢驗性（testability）成正比。因爲它們被否證的可能性很高，所以才有高度的可檢性，傳達度越高的命題，就是對這個世界越確實完整的描述。

㈣科學與非科學的分界是以可否證性爲判準，而科學與僞科學的區分是：科學是可以錯誤的，而僞科學是不允許有任何錯誤的。科學不是絕對無誤的知識，科學命題永遠都是試探的（tentative），它可以得到的每一種確證（corroborate）都是相對性的，都是試探性的，科學的精神不是標榜絕對無誤的眞理，而是在奮鬥不懈的批判過程中追求眞理。

㈤科學知識增長的模式是：

P1（problem 1）→TT（tentative theory）→EE（evaluative error elimination）→P2（problem 2）

P1代表最初發現的問題，TT則是嘗試著解答的方案，EE是應用在嘗試解答方案上，消去錯誤的過程，P2是這個過程之後的新環境及它所帶來的新問題。這不是一個循環的過程，因爲 P2 和 P1 不一樣，即使 TT 都失敗了，我們還是學到了一些新東西，我們知道了失敗的關鍵在哪裡，也了解到還有哪些瓶頸有待突破，這已經改變了 P1 當初所處的環境，已經向前邁進。

(六)在波柏所提出的模式中，猜想（conjecture）和反駁（refutation）是兩個重要的關鍵字眼，也是很重要的科學方法。

「猜想」的主要內涵包括：

(1)科學理論不是起源於觀察，而是起源於挖掘問題，實驗者必須根據他的懷疑、他的猜想、他的理論和靈感來質問白然界。

(2)猜想的過程就是接近眞理的過程，也就是理論具有越來越高的逼眞性。猜想的合理性在於我們所選擇的理論比以前的理論更好，它可以接受更嚴格的檢驗，可以不斷地趨向眞理。

「反駁」的主要內涵包括：

(1)波柏主張如果沒有反駁，科學就會停滯，對於一個理論的反駁，始終是我們接近眞理的重要環節。

(2)反駁的具體作法是：批判、嘗試和掃除錯誤。

(3)反駁的依據是：科學理論只能否證，卻不能證實。

索羅斯的思想運作方法，基本上完全模仿白波柏這個模式，其中又以猜想與反駁最爲重要，索羅斯曾明白的表示自己的思想方法完全來白於此。

索羅斯的思維建基於波柏對歸納問題的處理

波柏哲學的核心問題，主要是主張不能證眞，只能證假，索羅斯也完全認同於此，但引出這個理論，不是空穴來風，而是有源有本，其中的基礎思維就在於波柏對歸納問題的處理。所以想要完全了解索羅斯就必須對波柏如何處理歸納問題有所認識，本書礙於篇幅與主題，只能深入淺出的談論。

波柏對「歸納問題」的基本立場，主要的論點在於：

(一)歸納問題可以分成邏輯與心理學兩方面來考慮——這點與休謨的主張相同。

(二)但邏輯與心理學必須嚴格劃分，休謨的邏輯概念中仍含有心理學的色彩，必須予以淨化。

㈢歸納程序在邏輯上無法成立——與休謨的主張相同。

㈣歸納程序在心理學上亦無法成立——與休謨不同。

㈤所以，根本沒有歸納程序；它只是個神話。

波柏認爲所謂的「歸納」，無論從邏輯的觀點或從心理學的觀點，都只是神話（myth），這是一種極端強烈的主張，所引發的震撼超過了當年休謨的懷疑。休謨從經驗論的立場給「因果」概念做出詳盡分析，結果助長了十九世紀非理性主義的流行，所以討論波柏對歸納問題的處理，就必須先回到休謨。

以下簡略的述說休謨所引起的兩個歸納問題：

問題一、休謨的邏輯問題

吾人有何憑藉從業已經驗過的一些重複出現的事例，推知另一吾人尚未經驗過的事例亦會如此出現？休謨對這問題的回答是否定的，他認爲在邏輯裡，我們沒有任何憑藉做出這樣的推論。依他看來這樣沒有必然邏輯的推論卻爲人所相信，其理由何在？由此，休謨提出了第二個歸納的問題。

問題二、休謨的心理問題

為什麼人們會預期並相信一個未被經驗過的事例也會如同那些被經驗過的事例那樣出現呢？為什麼人們會滿懷信心地存有這種預期呢？他對這問題的回答是：這是由於吾人內心的「習慣」所致：人心是這樣，當類似的事例一再重複出現時，它就會逐漸地養成習慣，終而形成一種深根蒂固的「觀念的聯結」（the association of ideas），見前者，自然就想到後者，以致對這兩者的相隨出現，深信不移。他認為，在人心之內這一種「觀念的聯結」，對人來說非常重要。人若沒有了它，便甚至難以活命。

綜觀波柏知識論研究的中心，始終都是在關心及研究如何使吾人的知識成長。而一般是從兩個途徑去進行研究：一是研究日常知識（common sense knowledge）；一是研究科學知識（scientific knowledge）。依波柏看來，為了解知識成長，則必須去研究科學知識。所以波柏的主要工作，就是針對「科學程序」來進行研究，了解如何進行科學觀察，如何將觀察結果寫成觀察述句，科學研究如何建立假說或理論，以及如何對之進行檢驗或實驗等等，都是波柏研究的範圍，而波柏更主張做邏輯分析以尋找出科學探討的邏輯。

而由於一般科學家大多相信，科學的主要特徵乃是使用「歸納法」。所以一般認定科學探討的邏輯，主要就是歸納邏輯。但哲學史上已有休謨在邏輯上對歸納程序產生過懷疑，所以波柏也就將「歸納問題」列爲科學研究裡的首要問題，而且波柏也由於對此問題的解決，建立起整體的科學方法學，也奠定了波柏在科學史與哲學史上不朽的地位。

波柏首先是透過批評休謨來發展自己如何解決「歸納問題」的論證，這就是波柏令人讚美的解構方法應用，波柏贊成休謨把「歸納問題」分成邏輯上的問題與心理學上的問題來處理，並且認爲此一區分，對歸納問題的解決有基本的重要性。波柏同意休謨對邏輯問題的回答，但不同意休謨對心理學問題的回答，因爲波柏認爲這兩個問題的答案，應該都是否定的。

波柏同意休謨的看法，認爲歸納程序在邏輯上無法成立。而波柏進一步指出休謨所了解的邏輯所謂的「正確的推理程序」卻是「理性的心理程序」，這樣理解的結果使得邏輯成爲純粹形式的、客觀的。

波柏反對休謨對歸納問題使用心理學式的解決。休謨認爲由於事例一再重複出現，使得人心養成一種習慣，因而人人相信歸納程序成立。對休謨這種解釋，波柏認爲只在心理學上有價値，在哲學研究上則沒有多少價値。因爲如果同意「實有」（reality）存在獨立於「人心」（mind），那麼一物眞相之存在及存在方式，並不由於人心的預期或想法會有絲毫改變。也就是說即使人人皆堅信歸納程序成立，也不能由此而推出實際上有這種程序。波柏並且認爲休謨所說的歸納程序，也不是事實，休謨主張的歸納程序在心理學上也無法成立。休謨主張人期望某事件會如何發生，乃是受事例之一再重複出現的影響而形成；波柏卻認爲事情應該反過來講，與其說「重複」形成「期望」，倒不如說「期望」形成「重複」。因爲「重複」的概念是建基在「相似」的概念，而「相似」又是建基在人的「觀點」上，也就是說它是建基在「期望」上。所以歸根究底，必須先有期望，然後才有重複或不重複可言。

這個討論雖說有相當的難度，但對於讀書而言卻是一個理解當代科學發展基礎的最佳跳板，因爲索羅斯完全是站在這個基礎上思考，所以不得不提出這方面的討論。

如前所述波柏哲學的中心議題是知識的成長問題。所以波柏表明儘管他的科學方法學不承認歸納程序，但透過他把休謨的問題重新改建，不但清楚地表明波柏自己的立場，同時也顯露出波柏對當代科學方法基礎的貢獻。

波柏主要是從邏輯觀點來將休謨問題改建與解決。主要是針對：

(一)淨化休謨的邏輯問題，將心理學的成分驅逐出去。波柏把休謨問題中的「心理語態」改成「客觀語態」、「形式語態」。波柏這樣做的主要目的是要使驗證成爲「客觀的」、「公開的」，而非「主觀的」或「私人的」。

(二)把休謨歸納問題裡的結論由「特稱的」（particular）改成「普遍的」或「全稱的」（universal）。波柏做這樣改變的最大目的是，把歸納問題直接地關聯到科學理論的形式問題，因爲科學的理論通常都具有普遍述句的形式。

透過這兩點的改變，波柏把歸納問題重新陳述爲：

L1：宣稱某一具有解釋性的普遍理論爲眞，此一聲明能被「經驗的理由」證明爲正當的嗎？（Can the claim that an explanatory universal theory is true be justified by "empirical reasons"?）

這個波柏改建後的歸納問題表達是，假使我們已經認定某些觀察述句爲眞，我們是否能由此而推論出某一具解釋性的普遍理論亦爲眞？波柏對這問題的回答是持否定的態度。因爲在波柏看來，無論這樣的觀察述句有多少，全部加起來也不夠。

波柏最爲厲害的地方是，他由這個否定向前邁進而不停在此處，波柏提出第二個歸納問題來，這是極爲重要的一步。波柏所說的第二個問題就是L1的進一步推演變化，而其中的關鍵居然只是在L1裡面加進一句話「或它爲假」。

L2：宣稱某一具有解釋性的普遍理論爲眞，或它爲假，此一聲明能被「經驗的理由」證明爲正當的嗎？（Can the claim that an explanatory is true or that it is false be justified by "empirical reasons"?）。

波柏對這問題提出則是採肯定的態度，波柏認爲我們能夠，因爲雖然我們無法以「經驗的理由」證明一理論爲眞，但我們能用它去證明一理論爲假。這是理解波柏的核心論旨，也是理解索羅斯變幻莫測行爲的無上心法。請切記只有徹底理解這個論點，理解索羅斯才有可能。

波柏對於L2問題的肯定回答及其所提的理由，乃是他整個思想體系的重心，因爲他也用此處之「能夠被經驗證明爲假（falsifiability）」的概念去解決科學與非科學分界的重要哲學問題。這就是極爲著名的論證：「若一理論能被經驗證明爲假，則該理論是科學的理論；否則即不是科學。」

當歸納問題發生時，總是有「比較」的概念，同一個問題，會有幾個互成競爭的理論宣稱它們是該問題的解決。這時必須在理論間做比較以分辨優劣。但比較優劣的可能性，建基於波柏能提出第三個歸納問題：

L3：有這樣的時候，能夠藉著「經驗的理由」去證明某些普遍的理論在眞假上優於其他與其競爭的理論嗎？（Can a preference, with respect to truth or falsity, for some competing universal theories over others ever be justified by such "empirical reason"?）

波柏肯定這個問題的，波柏主張我們有時候能夠做到，那是因爲在比較過程中對 L2 給予肯定的回答。我們如果能夠以經驗的理由證明一理論爲假，則我們就可以利用這個證明爲假設過程，在許多相互競爭的理論中分辨出假的理論，那些尙未被證明爲假的理論，則被我們暫時視爲較爲優秀。

綜合以上的討論，作爲索羅斯思想基礎的波柏對於歸納問題的處理，在此做一個簡單的總結：

(一)理論之爲眞，至多只能訴諸「猜測」，理論永遠是個「假說」（hypothesis），永遠必須再受「考驗」（test），這是一種消極結論，永遠也無法獲知一個理論爲眞。

(二)人的知識似乎整個皆在水面上，全然沒有穩固基礎。

(三)波柏給「歸納」程序所做之分析，使索羅斯以及對此有深刻領悟的人，對一般所謂之科學方法的「確定性」，不再存著絲毫幻想，並且深深地體會到，認識世界的眞相，需要許多人從許多方面進行各種不同的努力，不可能單靠科學。

波柏哲學的總覽

在本書中限於篇幅以及研究的主題，不可能針對波柏哲學有過度深刻的探討，有興趣的讀者，可以透過網際網路（Internet）在台北開放社會中心（Open Society Center-Taipei）的網站（www.taipei-osc.org.tw）上進行更深入的探討。

在此筆者將爰引 Henryk Skoilmowski 所編，刊於《現存哲學家文庫：卡爾・波柏》

一書對波柏的精要整理，作爲讀者總覽波柏哲學的導引：（註二）

波柏認為：第一，為了解科學，我們應該研究科學的成長而；第二，研究的起點不是語言而是問題；第三，我們思考的最基本概念單位是暫時接受的假說；第四，我們是通過臆測與駁斥的程序達到科學的理論，這個程序就是大膽的猜測、嚴格的批評；第五，沒有穩固的知識基礎，所有的知識都是暫時的知識的基礎；第六，我們要以分界為原則，來分辨科學的知識與非科學的知識；第七，而且波柏認為我們都是形上學者，並且從歷史看來，毫無疑問的科學是來自形上學。

索羅斯對波柏歸納問題的體悟

由上對波柏歸納的討論，我們可以知道，要想對這個問題有深入地掌握，非對整個西方哲學體系以及當代科學與科學哲學的發展有透徹的了解，我想這絕非一般讀者所要做的，而是屬於研究者的工作。索羅斯的金融哲學理論背景完全建基於此，如果想要了解索羅斯思想則絕不可能不由這個面向切入。而筆者正是嘗試著想要將這些深入的理論轉換爲大衆所能理解的實用哲學。

索羅斯在金融市場的積極作爲以及在開放社會行動上的努力奉獻，這對於任何一個對波柏方法能夠積極掌握的人來說並不會覺得意外，因爲凡是能夠積極掌握波柏哲學的研究者，在處理世事時就會展現出這種態度，並且用這種態度來面對人生的各種問題，所以單單只是把波柏的哲學當成知識來理解，忽略其理論與實踐的結合威力，以及波柏理論放諸實際與糾正理論錯誤的反饋過程，將會是研究波柏哲學的重大損失，因爲波柏哲學將會在實用面不斷的拓展其理論的應用範圍而不會退縮。總而言之，對波柏哲學的理解絕對不僅只是在知識層面，而是更加深刻的感動，展現出的是對解決本身問題的投入，同時也是態度的建立，和對方法的掌握。

索羅斯大體上就是依循著這個態度來掌握波柏哲學，他指出：「專家已爲批判波柏的模式忙得不可開交，因爲實踐無法在各方面符合他的理論。特別是在波柏的論點中，嚴格的實驗就某一方面而言，對於假設的價値是難以證實的。」這說明了，若只是在知識層面上理解波柏哲學，在索羅斯看來無疑的是一種錯誤。所以索羅斯進一步的指出：「我發現波柏的模式即使並不符合科學實踐的方法，但依然在智識上令人滿意。我願意接受它成爲一個理想的模式，即使在科學領域之外，我也會使用它。」所以索羅斯特別說明了他如何在金融市場中運用波柏哲學理論：

「我設計了一個有關金融市場運作的理論，這個理論恰巧相似於波柏科學方法中的模式。金融市場嘗試預測未來是普遍被公認的。他們所採行的方法，我主張藉由假設以產生出對未來的相關預測。事件的實際過程，之後被視為假設的實驗。如果實驗成功，則假設被加強了力量；反之假設則被摧毀，這個過程是相當複雜的，與科學相對照，『預測』影響了事件的實際過程。」

雖說索羅斯認爲他舉證了他的思想作爲實際例證，但在大多數人眼中看來似乎仍不夠明確，所以他又說道：「我試著在《金融煉金術》中解釋這個過程，這裡我只想處理『實驗』這個角色。我採用波柏的主張，即假設越能被嚴厲測試，則它變得越有價值，雖然符合於過程本質，但價值以金融的術語被衡量多過於以知識或眞理被衡量。」

並且他嘗試著用一九六六年 Mortgage Guarantee Insurances Corporation 的這個特殊例子，來說明：「市場採用了這家公司將會因房價下跌遭受重大虧損的假設。而我則持反對意見：我主張保險公式有效地使該公司與市場狀況隔絕，最後證明我是正確的。這家公司在嚴格的實驗中存活下來，實際上未受損傷。因此，股票價值增加。這不只是因爲盈餘增加，更因爲市場把高價值歸因於那些盈餘。這是衆多例子中的一個，儘管這是一個最具戲劇性的例子。我所設計的規則即是人們不應擁有未經測試的股票，但當股票成功經過測試，人們則應大量買進。實驗過程越嚴格，所獲的利潤越大。波柏有關於實驗的嚴格主張，或許無法被運用於科學，但在金融市場中則絕對可行。」

由以上索羅斯本人的舉證，我們可以說，在了解索羅斯的背景以及掌握波柏的哲學之後，才有可能能夠了解索羅斯的指證以及說明，但對於大多數的讀者而言這中間的轉化過程，尚待進一步的澄清，所以筆者在下一章中將嘗試著整理索羅斯思維運作的最重要聯結，以及在第四章中以較淺白的方式舉證說明索羅斯提出的理論思想的可行性。

註一：在本章中所爰引的文獻資料，大致上是參考索羅斯一九八九年發表於中國武漢舉辦的「波柏哲學學術研討會」的文章〈Popper in China〉。該文章是其中最重要而且最完整的一篇論文，可以與索羅斯另一篇文章〈Fail Philosopher Try Again〉並列爲理解索羅斯思維的重要文獻，這兩篇論文的完整譯文都已經由台北開放社會中心執行秘書許慈恒小姐編譯完成，讀者可以透過網際網路自行查閱。

註二：中文部分主要參考王弘五教授所譯〈卡爾·波柏與邏輯實證論者的歧見〉，刊載於輔仁大學《哲學論集》第十六集。

第三章　索羅斯思維的關鍵秘訣

在逆境中，哲學是我最重要的寄託。

—G. Soros

如上文所述，波柏的哲學思想對索羅斯思想的影響相當深刻，波柏與索羅斯的思想可以說是呈現一而二、二而一的形態：索羅斯是對波柏哲學進行運用，證實其理論的可行性；而波柏哲學給予了索羅斯的思想系統化理解的可能，同時也給予了索羅斯思想深度，以及終極關懷與理想。

索羅斯將波柏哲學實際運用在金融市場，並且發展出屬於他個人的投資理論主要的特色有三：第一，索羅斯在哲學起點是以「會犯錯」（fallibility）這個觀念作爲起點；第二，索羅斯提出對波柏哲學思想在社會科學應用實踐層面的修訂，索羅斯提出「對射」的模型，強調心戰層次對市場趨勢的影響；第三，最後索羅斯完全服膺於波柏所提出的「開放社會」理念，並且更進一步，將波柏的理念從理論的層次轉向實踐，這個轉向不但給了索羅斯哲學系統終極關懷與理想，也大幅度的提升了索羅斯視野的宏觀程度。

探討索羅斯如何在金融市場進行思考，他投資的關鍵秘訣何在？大多數的讀者想必最爲關心，但也正因爲大家都是關心如何立即變現，所以在掌握索羅斯的思想時永遠在他的招數中打轉，難怪索羅斯會具有神秘的面紗，在本章中筆者將依照索羅斯在市場中給人的能夠洞察經濟事件形成的內在原因、千變萬化的方法與組織，以及對市場趨勢多空時機掌握的三大特色，逐步解開一般人所謂索羅斯的神秘面具。至於索羅斯對開放社會的理想的追求，將放在本書第三部分再予以討論。

會犯錯

在索羅斯思想中，具體呈現索羅斯個人的創見，以及對波柏哲學的修訂，首推是索羅斯將波柏視之為哲學起點的「問題」、「知」與「無知」、「證假」，以及「嘗試錯誤」……等觀點，用「會犯錯」這個術語予以明確化，並作為思想的起點，也就是意味著，索羅斯有將波柏哲學更為具體化的雄心，因為「會犯錯」的提出，如同笛卡兒（R. Descartes）哲學提出「我思故我在」（Cogito Er Go Sum）的預設一般，是哲學系統化的開始。如衆所周知，索羅斯稱自己為「失敗的哲學家」，這意味著，索羅斯並未完成他的雄心壯志——不但能夠將波柏哲學融會貫通，並製造出自己的體系，但他的嘗試以及日後他整體的思維都和這個觀念密不可分。

市場參與者

索羅斯的思想其實是脈絡分明的，只是由於理論深度的緣故，所以必須有將理論轉化為實際的步驟，他的整個思維架構事實上是非常具有實踐性的。首先他尋找思想起點，並且提出「會犯錯」；其次他從「會犯錯」出發，討論「參與者」在社會科學研究範圍中扮演的角色，而這個討論正是依附著波柏長年研究的社會科學與自然科學的研究論題而來，索羅斯不僅只是追隨波柏的腳步，更提出了對波柏的修正。再者，索羅斯提出一些作爲分析範疇的思想觀念，如：「對射」、「即時實驗」（real-time experiment）、「繁榮與崩解、大起大落」……等等，作爲他思想運作的方便工具，其實這些觀念都只不過是他整套思想的推演而已。索羅斯指出他自己對波柏的修正以及自己的思想：

「我主要不同意波柏的論點在於：波柏聲稱將以同樣的方法與準則應用於社會與自然現象的研究。他以稱為『統一的方法』學說作為聲明的基礎。而我則抱持相反意見。我主張有一個基本差異存於社會與自然科學的主體問題之中，使得社會科學家無法獲致與自然科學同等的結果。」（註一）

索羅斯以他多年在金融市場的親身體驗，認爲社會科學研究領域與白然科學有本質上的不同，他論證：「在我的論證中……我能證明社會科學只有藉由對其主體問題進行破壞，才能符合模式。」索羅斯認爲一般的研究都忽略了參與者所扮演的角色：

「社會科學處理現象考慮到了參與者。參與者的決定在事件的過程中扮演了非正式的角色。這些決定建基於參與者對於他們所參與的情境之理解，他們的理解多少有些瑕疵以致無法符合與之相關的處境。」

「事件參與者」在索羅斯看來，部分的、甚至主導形成了事件的發展：「當事件的過程偶發於參與者的決定時，這種符合的想法是不恰當的。問題獨立於與之相關的看法與陳述時，才能提到符合。當參與者的看法影響了事件的過程，即使是事件發生恰巧符合參與者的期望，都可能被誤導而將巧合描述成符合。因為，巧合可能藉由參與者的行動而產生，當情境是偶發的，則不會有任何明確符合該情境的看法。」

索羅斯認為「缺少符合」，意味著參與者的思考必須被視為情境的一部分。這產生了在自然科學中沒有相對應事物的問題，一般在自然科學中，小心的使所有思想及陳述隔離於與他們相關的事件。而在社會科學研究領域中可沒有這種隔離的可能，研究的情況中隨時伴隨著自主獨立思考的參與者，社會科學研究的領域幾乎完全沒有隔離的可能。所以索羅斯強烈的指出「至少針對參與者的思想來說，沒有不顯著的摧毀主體。」

因此索羅斯反對將社會科學的研究方法與自然科學統一，而主張應有另一個範疇來思考：

「科學的概化被預設為沒有時間性。但當事件偶發於參與者的決定時，時間則顯示出不同的意義。在過去，所做的決定，它們的影響被感受到，但在未來，事件偶發於決定之時，則顯示出與事實並無固定關係。決策過程注入了不確定元素，破壞了存在於解釋與預測間的美麗對稱。預測在本質上較解釋更為困難，或者說更為精確。它相較於沒有時間性的理論而言，更易於建構符合往例的理論。缺乏歸納，概化必須永遠保持暫時性的成立，但受參與者的想法影響，使得概化變得更為暫時。成功的實驗證實他們成立僅取決於現在和未來的相關，相較於沒有思考者的參與，變得更有問題。」

在索羅斯看來，一般社會科學家會由主體問題中，盡力的清除參與者的想法。例如索羅斯熟悉的各項經濟理論的協定，就是其中最成功的嘗試，這些理論視參與的價值系統如同是被給予。所有這些嘗試，藉由忽視有害的成分，來清除傷害他們的主體問題，而事實上參與者的決策過程是社會觀察的重要部分。因為它使得社會現象與自然現象相分離，與其消除它，不如將它當作觀察的焦點，絕不能套用自然科學的方法與準則來進行研究。所以索羅斯也反對波柏在這方面的嘗試。

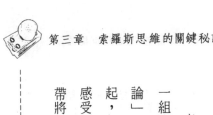

「波柏的科學統一學說，只有在純粹形式意義上是成立的。有一個現象的完整範疇，在範疇之內的事件結構無法符合波柏在科學方法中的模式結構。波柏的模式指出了一連串被宇宙成立法則所統御的事實。」

索羅斯指出有思想參與者的事件，並非由一連串的事實所組成。這個因果序列並不從這一組事實被引領至另一組事實，而是對參與者而言的事實。對此索羅斯稱為一種「鞋帶理論」，透過參與者的決定與他們對事情的理解，事實與理解以如同鞋帶般的形式被綁在一起，但理解不以固定的形態符合於事實。在過去只要決定受到採用的地方，則其影響便會被感受到。鞋帶將事實與理解以一種不可改變的形式被相互繫在一起。索羅斯指出，在未來鞋帶將被鬆綁，參與者的看法或事件的過程將完全取決於任何普遍成立的法則。如果有任何此類的法則，它們必須統御介於了解與事實之間的關係。即便是這些法則存在，但卻不能被測試，原因就在於理解不能夠被觀察。法則的缺乏，使得解釋與預測之間的完美對稱遭受破壞，並且與過去相符合的概化則不再需要應用於未來。索羅斯更進一步指出，可以使用歷史的鞋帶理論，試著構作出普遍成立的概化，但無法藉由實驗來證假。

「波柏科學方法模式的本身是假設性的建構。它是經由自然科學的成功而被證實。同理，社會科學的相關錯誤，證明了存在自然現象與社會現象的基本差異。」在此索羅斯反覆的論證他的論點，就是自然現象與社會現象不能一視同仁。

「很可惜的，波柏無法認出此種差異，他相當關切保持科學方法的純淨。他確認科學是一種脆弱的建構，需要被保護以對抗破壞。」

因爲索羅斯認爲社會科學的研究對象是一種人際關係的行進過程，只有參與者認同它的目的時才能獲得成功。一般認可的科學目的是爲了了解眞實，但參與者可能剛好受到其他未被詳加說明的目標所激勵，此種目標是爲了在眞實中獲得控制，也就是去影響事件的過程，放在金融市場中很可能是爲了追求利潤。

自然科學處置了自然現象，當理論與現象相符合，那些被研究的自然就如同一些獨立運作於我們的看法及願望之外的事物一樣，不再需要被了解。任何想要了解它的人，只有藉著發現統御它的運作法則，才能希望按照慾望去塑造事物的實際狀況。索羅斯指陳社會現象是由參與者的決定所塑造，受到的影響更爲直接，若想藉由了解系統以取得對它的影響力，在索羅斯看來是沒有必要的。他指出：

「或許我們很難接受，但完美的競爭理論是以主張『放任』作為最佳的政策。這點可能藉著援用煉金術類比而被定型。金屬無法藉由咒語而變為金子，但社會條件卻能藉社會的理論而被改變。我們應該給予維護科學理論者較高的尊重，一個尋求改變社會條件的理論，若能宣稱其具有科學性的狀態，則會變得較為有效。」

所以索羅斯在這個論題上的思考，主要是他認爲一般研究社會科學的人，基本上沒有參與社會事件的形成，並且洞察事件形成的內在原因，而之所以造成如此的結果，在索羅斯看來是由於方法上的錯誤以及研究對象性質的誤判。

「科學理論如何保護自身免於被推翻，唯有確認危機才有辦法做到。我們無法改變社會理論能夠改變社會條件的事實，但我們可以防止社會理論的名聲遭到自然科學的剝削與辱罵。為了這個目的，我們必須放棄同一方法的學說，並走向對立的極端：我們必須假定有介於自然與社會科學之間的基本差異。」

索羅斯有鑑於此，建議先由揭露「社會科學」的意義是錯誤的這個隱喻開始做起，索羅斯強調的是在自然協議下，設計來保護社會科學方法，並非是來自眞實世界實在的概化。索羅斯指出「沒有任何實情可以阻擋一位社會思想家藉由提出理論來試驗，進而建立他的理論地位，協議的作用是爲了防止煉金術士假冒科學家之名。……而把注意力放在容易混淆的事實上。」

「眞正的科學致力於不受社會科學這一個錯誤的隱喻所危及，但僞科學則不然。」

索羅斯認爲他的提議不僅是在於消極的除弊，而且還有積極的面向。他認爲如此一來將會破除相信科學方法是研究社會現象唯一合法途徑的信念，他指出一般的現象，就是現今的社會科學團體試著去模仿自然科學，透過這個協議將會打破這個模型，並且開放管道予以不同的途徑，藉此產生釋放的效應。索羅斯主張，我們所生存的世界能夠完善的被了解，就如同將理解的嘗試併入系統中。尋求理解的系統，並且將之視爲一個獨立的系統。

經過了上述的剖析之後，讀者應能了解，索羅斯在金融市場的思維，爲什麼他比其他人更了解經濟事件的本質，因爲他在經濟事件形成的過程，以及基本原理上都花了大量的時間與心血在思考，當然他比市場上多數的參與者了解經濟事件的內涵。

即時實驗

索羅斯所主張的即時實驗，實質上就是他給人投資行爲與方法的千變萬化印象的來源。

「在金融市場裡，我並不按照特定的法則運作：我始終更對了解遊戲規則的變化感到興趣。最初，我的假設是以個別企業為對象；隨著時間的流逝，我的興趣也逐漸轉移到總體經濟的主題。一方面是因為基金規模不斷成長，另一方面也是因為總體經濟環境逐漸變得不穩定。」

其實在掌握了索羅斯所依循的波柏背景之後，這種千變萬化的招數，早已化歸爲一，因爲索羅斯正是以波柏所主張的試誤法（the method of trial-error）作爲進行思辯與實際的運作，試想一個持續不斷創建—批判—重構的循環過程，在外界不了解眞實資訊之時，當然會深覺索羅斯難以捕捉。

索羅斯所主張的即時實驗，就是把決策的進行過程詳細記錄，並作爲他白身改善的反省質料，他將之稱爲「煉金術」式的實驗紀錄。但是因爲他未曾說明其中運作的思想方法，以及使用的語詞，所以才會被外界解讀成爲神秘莫測的投資法則，事實上只是一種有系統、有組織持續性對投資進行反省的方法而已。當然這對大多數的人而言並不容易實行，但實際上的確也稱不上莫測高深。

對射

「因為我至少對金融市場的運作有某種程度的了解。不論情況為何，我經常是在沒有適當假設下從事投資，而我的行為與隨機漫步無甚差別。但是，我會配合金融市場中的對射過程，而我最重大的成功來自善用這些機會。我處理市場的方法並不如表面那般抽象，它是以非個人化與情緒化方式呈現。」

對索羅斯而言，一般的經濟理論致力於均衡位置的研究，均衡概念讓關注的焦點集中在最後的結果，而不是在通往均衡的過程，這是極爲荒謬的。因爲這種說法在索羅斯看來具有某種實證的意味，既然調整的過程，指涉了應該通往某個均衡點，那麼均衡位置，似乎也應該蘊涵在觀察中。但事實並非如此，索羅斯敏銳地指出現實生活中，均衡幾乎不曾出現，我們所看到的是市場價格永遠的波動特性，所以索羅斯主張所能觀察的應該是通往某個均衡點的過程。

爲什麼均衡永遠無法達成呢？因爲市場的參與者雖然會針對市場價格做調整，但他們可能是針對不斷移動的目標做調整。在這種情況下，將參與者的行爲視爲是調整的過程可能有誤，也因此均衡理論變得與現實生活無關。

在索羅斯看來，均衡是公設系統（axiomatic system）的產物。經濟理論的建構方法類似於邏輯學或數學，這意味著理論的建立是根據某些公理系統（postulates），並透過邏輯的處理，但這些由公理演繹出的結論——均衡，在現實上可能永遠無法達成，而且這個結果並不必然會使其邏輯結構失敗，這是索羅斯基於波柏哲學基礎的洞察，索羅斯進一步指出當假設的均衡被描述爲實體的模型，則會是一種嚴重的扭曲。一般所相信的均衡理論，最重要的預設就是完全競爭理論（perfect competition），這個理論從二百年前爲人所倡導，至今不曾被取代，而且分析方法更精良。根據這個預設，均衡理論主張在特定的情況下，毫無節制地追求白我利益，將導致資源的最佳分配。也就是說當每一家廠商的生產，其邊際成本（marginal cost）等於市場價格，而每一個消費者所購買的數量，其邊際「效用」（marginal utility）等於市場價格，均衡位置便告達成。根據分析，假定沒有買者或賣者能夠影響市場價格，則該均衡位置將使所有參與者的福利達到最大。這個理論便是十九世紀自由放任（laissez-faire）政策的基礎，也是目前廣爲大家相信「市場魔術」信念的基礎。

索羅斯要求去檢證完全競爭理論的主要假設，這些假設包括：完全的知識（perfect knowledge）；產品的分割性與一致性；由於參與者人數極多，任何個別參與者均無法影響市場價格……等等假設的合理性。

也就是在這個背景下，索羅斯提出了他的「對射理論」，我們必須要解釋對射理論不是一個全然有效的理論，索羅斯本人也承認他只在某一個層面是正確的。索羅斯在使用「對射」這個概念一般可以區分爲：第一是指出事件的構成都包含了具有思想的參與者在其中，這種用法是在於說明對射的理論性質。第二是在說明「對射」觀念的運用指涉了雙向對射的回饋機制，影響事件發展與參與者的認知，這種用法常出現在索羅斯指陳過往現象的歷史。之所以要能指出對射理論並不是完備的理論，是因爲對射中最重要的雙向回饋機能可能可以隨時運作；但從另一個層面來看，因爲它並非隨時運作，所以普遍化運用卻是錯誤的，某種調整的機能可以防止認知與實體（perception and reality）之間出現過度的背離，對實體而言，對射的雙重回饋機能處在運作的狀態中，除非既存的條件或制度出現顯著的變化，否則認知與實體便不會趨於一致。古典經濟理論視認知與實體之間的分歧爲雜訊而加以忽略。均衡理論使我們面對了單向的歷史過程，認知與實體的變化都無法反轉。

如前文所述，在科學方法所檢視的現象中，一組條件會隨著另一組條件出現，不論任何人對它們的想法如何。但在社會科學所研究的現象中，包括金融市場在內，都存在著富有思考能力的參與者，而使問題變得複雜，這正是索羅斯所要強調的，但是我們知道索羅斯之所以用「量子基金」作爲其基金的名稱，說明了索羅斯也了解量子物理學中所談的測不準原理之重要性，只是索羅斯天才式的將其應用在社會科學的層面，特別是在金融市場。在索羅斯看來，「參與者」的觀點在本質上是偏頗的，一組條件並不會直接導引致另一組條件，反而是在客觀而可觀察的條件與參與者的觀察之間，會不斷地交互影響，參與者的決策並非奠基於客觀的條件本身，而是在於對條件的解釋，這是一個非常重要的觀點，索羅斯在此引進了非決定的因素，使得主體不能遵循概化—預測、解釋的方式加以處理，所以這使得社會科學與自然科學產生了本質上的不同。

一般社會科學，爲了模仿自然科學，尤其是在經濟學理論的層面，都盡力消除或忽視此不可決定性。索羅斯反對這種努力，並試圖發展替代方法以參與者的偏頗作爲思考起點。索羅斯論到將參與者的偏頗視爲既定，而且忽略它可能產生的不可確定性，針對此進行研究，仍然也可以產生出良好的研究成果，唯有在某些方面和在某些特殊的情況下，不可決定性才會變得重要，也就是當對未來的預期會影響目前的行爲——尤其在金融市場——這個理論才凸顯出其重要性。而且即使是在金融市場，某種機制也必須觸動參與者的偏頗，才會影響市場價格的形成，甚至於影響所謂的基本面，均衡理論視這種偏頗爲基本面的暫時脫軌，而這正是索羅斯完全不同意的地方。索羅斯所強調認知與實體之間的不斷的相互影響，這意謂著對射的概念如果是在雙重回饋機制的實際運作中會更具意義，關於這個論點在下一章筆者將嘗試用實際的例證加以說明。

另外一個值得注意的是索羅斯指出，他並不是在金融市場觀察到對射現象，而是在進入金融市場之前，由抽象的哲學概念學習來發展出對射理論模型，正如筆者在之前不斷強調的一般。但在此筆者要說明，也正是因爲此緣故，索羅斯似乎沒有能力將他白身的理路清楚而系統的鋪陳，所以索羅斯也曾清楚表明，他未曾清晰地陳述對射的概念，而且使它能夠被觀察，更進一步的能轉化成利潤，這也是另一個會使人覺得索羅斯莫測高深的地方，但若對照波柏的學風，並了解索羅斯對波柏的服膺應能明瞭，不是索羅斯不願意表明，而是有所困難，也因此他稱他自己爲「失敗的哲學家」。因爲波柏的學風是標準的清晰明瞭，深入淺出的解決思考上的疑難，索羅斯的著述風格整體而言似乎離本派學風甚遠，但由於他並非專職的研究者，在此也不需多加苛責。

最後更要指出，既然遠離均衡的條件僅會間歇地出現，經濟學理論也僅是間歇地錯誤。自然科學與社會科學之間的分野，未必像索羅斯所描述地那般明確。相信即使是進行這些修正並無損於索羅斯將對射理論模型的提出，相反地正如同索羅斯自己認爲的一樣，更凸顯其意義。索羅斯提出對射理論模型之後，也將它的應用範圍擴大到所有金融市場的價格變化，而且將這些變化視爲對射的歷史過程。

索羅斯自認他所發展的投資方式與時下的看法大相逕庭，一般所接受的看法是：市場通常能夠精確地去規劃未來的發展，即使該發展目前尚未明朗。索羅斯所持的看法恰好相反，他認爲市場價格永遠是錯誤的，他們代表了一種對未來的偏見（biased）。而且扭曲有雙向的影響：不僅市場參與者以偏頗的觀點進行，而他們的偏頗也會影響事件的發展。由於參與者的認知本質上便是錯誤的，而錯誤的認知與事件的實際發展過程，兩者之間存在著雙向關係，這種關係也導致兩者之間缺乏對應（correspondence），索羅斯稱這種雙向關聯爲

「對射」。

索羅斯在他的投資活動中，發現金融市場的運作原則類似於科學方法，做成投資決策如同擬定科學假設，而實際狀況是測試。兩者的差異只在於：投資決策之假設其目的是爲賺錢，而非建立一項普遍有效的結論。同樣的這兩種活動都牽涉了重大的風險，成功則能帶來相對的報酬，投資決策是金錢的報酬，而科學研究則是研究成果的報酬。就是因爲索羅斯採取了這種觀點，所以他將金融市場視爲測試假設的實驗室，而且他非常了解金融市場的運作，並非嚴格的科學假設。理論的水平充其量只能達到煉金術的水平，所以他稱成功投資是一種「金融煉金術」。

最後筆者再次提醒，所有研究索羅斯的讀者千萬不要忽視哲學理論與其投資行爲的關聯，當索羅斯通過哲學訓練，使他擁有過人的智慧之時，所謂洞察人心，掌握市場趨勢，心戰謀略的設計……等等，坊問所傳說的索羅斯秘招，都只不過是他宏觀思維的一個展現而已，甚至他所使用的形容詞如：「大起大落」、「繁榮與崩解」都有人一知半解的引爲圭臬，眞是使人覺得可笑，有識之士如果不去掌握他思維的核心，只追求皮毛，豈不怪哉索羅斯明白的指出：

「在事業生涯的最初十年，我的實務行為與理論興趣之間，似乎存在著完全隔離的鴻溝，在證券買賣的交易遊戲中，我並未將真正自我投入其中，但在成為基金經理人之後，一切都改觀了。這是我的生計所在，我不允許再將自己擺在我的投資決策範圍之外。我必須運用我的一切智性資源，令我非常訝異且非常高興地，我發現我的抽象觀念很自然地發揮了功能。……毫無疑問地它們讓我占到優勢。」

如果我們在如此明確的指示下，還不斷的只是追問索羅斯如何賺到那麼多錢？筆者真不知該如何回答，因爲市場的贏家永遠是屬於會思考、能創造自己價值的人，迷戀於索羅斯過往成功的招數，何不掌握他思想的心法，創造出屬於讀者自身的價值。

註一：在本章中所援引的文獻資料，大致上是參考索羅斯主要著作 *The Alchemy of Finance*，以及索羅斯一九八九年發表於中國武漢舉辦的「波柏哲學學術研討會」的文章〈Popper in China〉。該文章是現今研究索羅斯最重要而且完整的論文，可以與索羅斯另一篇文章〈Fail Philosopher Try Again〉並列爲理解索羅斯思維的重要文獻。這兩篇論文的完整譯文都已經由台北開放社會中心執行秘書許慈恒小姐編譯完成，有興趣的讀者可以透過網際網路自行查閱。

第四章　索羅斯思想體系的金融市場檢證

在本章中筆者將嘗試使用前文所解析的索羅斯思想體系進行實例檢證。透過以下筆者所進行的實例檢證，讀者可以自行分辨是否索羅斯眞正能夠洞察經濟事件形成的內在原因？而索羅斯投資操作時首重的心理層面與戰略層面，是否眞的透過他的邏輯分析便能掌握市場參與者的對射過程以及對於價格的決定。

本文中筆者提出三個實證作爲檢證索羅斯理論的實驗，這種解析完全是筆者根據索羅斯的理論所做的邏輯推演，基本上只是一種試驗性質的嘗試。

檢證一：均衡理論的股票價格形成

在這個檢證中我們主要是以台灣股票市場作爲背景，世界各國雖各有其不同的背景，但背後自有其共通之處。根據一般均衡理論，討論市場供需，配合技術分析型態學的使用所設計出的台灣股票市場價格漲跌的分析模型如下。

股價的形成

將股票價格的形成原因分爲二種，第一種是股票的價值決定價格；第二種則是由市場決定價格。

股票價格的決定

客觀分析所關注的是由對中性訊息的詮釋，所造成的利多或利空資訊所組成。在這分析裡，價格主要是由市場投資者的信心來決定價格。

主觀分析是由股價創造者的價格創造行動，決定股價的形成，股價創造者一般相信是股市投資結構中，主要決定價格形成的因素。股價創造者擁有資金與良好的關係之後，股價創造者透過所謂的股市食物鏈：⑴主力大戶↓大股東（上市公司持股超過百分之十）⑵自營商、券商——研究部門⑶投信⑷中實戶⑸投顧會員⑹散戶來運作，創造股價賺取價差。

在過去歷史事件的分析中，這種分析似乎有其存在的價值，例如：一九九六年台灣股市的起漲是股價創造者利用三商銀連拉二隻漲停板，使指數脫離低價區，而且利用外在環境——證管會宣布摩根史坦利將台股納入的利多醞釀而成。問題是這個股價創造者是誰？市場上咸認爲是由政府所主導。

以市場的供給與需求論股價

股票市場如商品市場一般，價格之所以會下跌一般相信是由於供過於求，供過於求之現象的形成是由於雖然看好買的人有增加，但賣的人卻太多。這種情況通常伴隨著市場熱絡的情況出現，因爲只有在市場一片狂熱，才會有不畏高風險追求高利潤的人出現搶進，而這些人的行爲會在金融市場中自我增強。

在此筆者要指出，傳統的股市分析中，理論層次只能達到要求進行反向思考：也就是去解釋在市場一片看好時，爲何會有人賣出？並對此提出一些通則。這些描述的形式大致如下：

通常會在高點賣出股票的先知先覺者，都是對股票的本身價值有確實認知的人，這些人趁市場熱絡時大量拋出。

這個描述形式並沒有錯誤，而且通常這些描述含有相當程度的眞理，如上所描述的這些先知先覺者的行動，會從分析成交量的變化得以看出。從此我們進行索羅斯理論的運用，我們由一般市場所相信的理論入手，一般在市場上公認最有用的股價分析理論是艾略特的波浪理論，這個理論的確有其價值，索羅斯並不否認。

艾略特的波浪理論主要是進行對股價的三種分析：

㈠時間（預測上漲、下跌、打底以及築頭的時間長短）。

㈡方向（確認漲勢或跌勢，使操作者做處理）。

㈢幅度（預測上漲或下跌的價差）。

當然一般在實際上運用波浪理論時，還會配合相關分析與基本分析來相互佐證。當然這就代表了這個理論本身是存有缺陷的，但大多數的使用者都將之視爲參數修正的方式來處理。

波浪理論的內容，主要是由趨勢線及型態學二個部分組成，其中長期趨勢線代表了股價上漲或下跌的方向；而所指的型態學則呈現在某特定階段內投資者的內心世界，仔細的分析就可以看出這中間的關鍵，因爲像艾略特波浪理論的這種股市技術分析的基礎都是統計學中的大數法則，所謂大數法則，簡言之就是看資料量來判斷資料的準確程度，資料量累積的越多則準確性越高。

而且在台灣股市中還有一種盲目的信念就是，因爲美國與日本這二個國家證券市場發展的歷史較久，累積的資料較爲豐富，自然能夠歸納分析出常則，並且稱之爲人類智慧共同結晶，這是不折不扣的歸納法運用，在索羅斯看來是不能完全接受的，因爲這已經在起始點上完全違反了科學方法的基本原理，充其量只能說達到煉金術的水平。我們單單從艾略特理論想從對時間的預測就掌握股價就可知一二，因爲按照艾略特理論許多的破綻在我們的眼前：

㈠起始點一般稱爲起漲點及起跌點，往往需要配合客觀環境，但它無法得知何時會凝聚出充份利空利多力量來確認股價的方向，在波浪理論中只有等待，所提供的只有模糊的說法。

(二)所謂打底多久，漲上來就會有多久。就是想要透過對時間的分析得以了解並掌握股價創造者的行動。因爲持這種理論者大都相信股市結構中價格創造者的行動是構成股價的原因，所以股價創造者要歷經第一階段選擇標的股，第二階段進入創造價格行動的吸貨期，進行有計畫的吸貨，將那些手中有股票而又信心不足的人的持股逼出，標準型態就是一隻股票每天不漲不跌，沒有短線價差，量又極度的小接近窒息，這種狀況常常連續一段相當時間甚至長達數月，因爲吸貨區的操作沒有價差的緣故，常常能吸光所有信心不足人的持股。但波浪理論又告訴我們吸貨期有多長是很難估計的，所以只能用連續出量來判斷是否要發動。第三階段是拉抬，不能只有創價者自己拉抬，必須與他人共同拉抬，才可造出「勢」，因爲如果造勢得宜則不用拉抬自然價格也會上升，造勢的方法，包含放出利多消息、做量等，自然會吸引技術分析派的追隨……等等都必須經過時間的歷程。

等漲勢穩定，還要歷經初升、主升、末升三段走勢，最後進行至第四階段股價形成後的獲利行動，要實現獲利就必須出貨賣出股票，決定何時出貨，一般主升分三段，末升亦分三段，主升段特色是第一段量最大，末升段則是第二段才出量，等出貨完畢，再反手放利空，把股價壓下。等到股價在這個階段時，所有的形態分析都無法完全測準，等走勢明確則趨勢已呈空頭，才能明確辨視，一旦進入跌勢，則可以發現利空不斷，這是由於股價創造者正在進行對價格反方向的操作運動所導致。波浪理論認爲這一切都可以在時間的範疇中出現。

這種主張基本上就是立足於一個錯誤假設，也就是說一般理論白身無法清楚地發現白己分析模型是非科學的，所有的準確都只是暫時性的，而盲目的相信白己所持的如同科學般的準確，事實上我們可以看出，所謂量能的分析關於大股東申報轉讓就是在高檔，除了是經驗法則外無他，而這種歸納法的運用，如果從索羅斯的觀點來看，至少在心理層面與戰略層面顯露了破綻，事實上很容易的可追隨以及預期暴漲與暴跌的過程，因爲其中市場參與者的行動加強了股價的上升與下跌，這正是對射過程的最佳寫照，照索羅斯看來，分析者應該依循著不斷嘗試錯誤的法則來作爲判斷，而不是盲目相信不確定性的歸納。

檢證二：一九九七—一九九八亞洲金融風暴

在這個例證中，筆者將嘗試著由一九九七至今（一九九八）尚未完全平息的亞洲金融風暴，抽出部分與索羅斯思維運作密切相關的事例，幫助讀者理解索羅斯思想的運作，當然以本書的篇幅不可能描述整體金融風暴的面向，但絕對有助於掌握中間的關鍵。

在一九九七年初，根據法新社的報導，索羅斯不看好美國的高科技股的走勢，在第一季出清了英特爾與微軟的股票，而文中特別加強的是量子基金今年的表現事實上並不好，並且在五月份放空泰銖，遭到泰國央行以及其他東亞國家的圍剿損失三億美元。這是在七月份發生亞洲金融危機前的報導，實際上我們在事後得知索羅斯爲首的避險基金在泰銖的風暴上，最少賺入了數十億美金，這個變化的過程各種的描述甚多，但都沒能觸及中心的問題，那就是索羅斯如何布局呢？

首先索羅斯是在審愼的謀略之下進行他的操作，以他爲首的投機客在研究了有關質疑亞洲經濟奇蹟的各項研究報告後，開始了他們的布局，事實上國際貨幣基金（IMF）早在一九九六年就提出對泰國經濟金融體系的報告，指出泰國的金融體系有問題，只是國際貨幣基金粉飾太平地斷言墨西哥式的金融風暴不會發生在亞洲，索羅斯就是在此處洞察出了世人對眞相認知的扭曲，而進一步檢視泰國的經濟實況，從一九九四年起，中國人民幣貶值百分之三十三，日本也隨之貶値以提升出口競爭力，但同一個時期泰銖卻緊盯美圓保持強勢，泰國的競爭力在同一個時期，不論是在技術水平（國民教育水平）或者工資都不見相對的提升，這已經是一個嚴重扭曲的情況，但實際的金融數字才是觸動索羅斯發動攻擊的原因，那就是泰國的國際收支已經惡化至外匯存底二百八十億美元，而外債高達一千零六十億美元的情況，索羅斯判斷這是對射產生雙向回饋達到高峰的時刻，大起大落、繁榮與崩解的模型成立的條件已然成立，當市場上從國際貨幣基金到美國政府都不曾料到亞洲金融風暴發生的可能，而泰國以及東南亞國協各國，在索羅斯五月份做出欺敵戰術，各國央行所做的干涉（新加坡、香港、馬來西亞的央行都曾在泰國央行的要求下進場買進泰銖拋售美元大約一百億）充分顯示出東協各國的對射過程，已經將認知與事實眞相扭曲到了極致，各國覺得只要央行進場就可以穩住匯價，甚至可以聯手拉抬等，在索羅斯看來都是嚴重扭曲的結果。

之後產生的金融風暴，隨著各國可用的金融工具都已用盡，其結果完全符合了索羅斯所說的雙向回饋，在還未崩盤前的泰銖，所有的扭曲都朝向不會貶值的方向，當投機客利用各種金融工具（索羅斯所代表的避險基金是衍生性金融工具的一種，它可以包括指數期貨、選擇權、遠期外匯等等，而且多空皆宜，量子基金就分別投資於股票、股價指數、固定收益、外匯及商品五個市場）主要是以無本金交易遠期外匯（NDF）展開大舉攻擊，市場的扭曲又全然的轉向空方，不計價的崩跌。當市場還在不斷探討事件的始末之際，索羅斯就已經明白的指出，想要防止這種行爲必須透過各國制訂國際性規範，甚至採取協調稅制來導正市場動盪所帶來的失衡問題。索羅斯的這番話事實上命中了要害，他正是以他所主張的參與者對市場的決定作爲立論開始思考，只有相互協定互爲主體，才能切入社會科學本質。

索羅斯言者諄諄，聽者藐藐則所在多有，有人認爲只要央行堅持任一立場，無論放任市場機能如新加坡，或者是堅守匯價如香港、中國大陸就是正確的應對，其實這種主張無疑的是白掘墳墓，事實上既然市場參與者對事件的認知都有扭曲的可能，那麼決策者白信的決策難保不是另一個對射過程，如果當這種情況發生到極致之時，大起大落的過程只怕又要重演。我們由現今香港的經濟現況，股市、房市的低迷，正是由於當判斷和眞實扭曲，又不能白我調整的結果，這種結果是所有認爲擁有眞理的人應該引以爲戒的。

透過索羅斯的思維來分析一九九七—一九九八年的亞洲金融風暴，我們可以看出反而是台灣當局應對的最爲恰當，尤其在一九九八年初，以央行總裁彭淮南爲首的央行外匯團隊以及新任的外匯局局長周阿定都表現了令人驚異的白我調整以及反省能力，事實上台灣當局的表現，從長遠來看將使得攻擊論者白動修訂白身的看法。

關於亞洲金融風暴的詳細內容，遠者可以參見由美國紐約大學教授魯比尼所設立的「亞洲經濟與金融危機網站」（www.stern.nyu.edu/~nroubini/asia/Asiahomepage.html），當然由本人所主持的台北開放社會中心也會陸續推出此方面的研究。

檢證三：一九九七—一九九八台灣的電子股傳奇

白一九九六年年底起，台灣的電子股股價走出了一段相當亮麗的行情，在一九九七年的年初台灣爆發口蹄疫事件之後，電子股更成爲台灣股票市場上唯一的寵兒，股價連連高漲，爾後在一九九七年七月份起的崩跌，以及一九九八年年初的狂漲與四月份的大崩跌這一個歷程足足主宰了台股股票市場長達一年半以上的時間，造就了經濟生活的新形態，以及許多人一夕致富或傾家蕩產。與上一個檢證實例相同的，在這個例子中，筆者所強調的不是給予這個歷史事件眞相，而是要透過索羅斯的思維模型，來探討這個經濟事件的成因。

透過檢證的例證一，讀者應該大體上了解股價形成的因素，所以在此直接深入，市場上使用來推得股價的觀念：

㈠將電子股等同高科技股，使投資者相信未來世界潮流將由資訊掛帥，所以潛力無窮。

㈡強調本益比與業績成長。

㈢塑造投資股票等同於善於理財的形象。

㈣強調長期投資不重價位的投資觀念。

我們可以從以上這些觀念中，輕易的找出認知與眞實的扭曲，但從索羅斯思維來看市場的扭曲，在尚未達到雙向回饋的對射高峰，想要賺取利潤只得跟著做，也就是說在一九九七年電子股起漲之時，按照索羅斯的思維運作，他會白覺雖然扭曲已然形成，但市場趨勢已經被參與者扭曲至此，在這個情況下只能進行做多的舉動，這使得他在一開始就立於不敗，因爲他在一開始就掌握了方向先賺取多方的利潤，同時他意識到市場的扭曲，隨時在測試何時對射會到達極限，如果單就一九九七年而言，在聯華電子在各大報以頭版方式提出超大型投資案的那個時刻，市場在事後描述那是頭部的成型，問題是誰？而且如何獲利？以下筆者將透過一九九八年電子股傳奇的終結，用索羅斯《金融煉金術》中即時實驗方式爲讀者勾勒索羅斯思考的模型。

一九九八年初，在經歷了一九九七年一整年電子股的風光之後，電子產業的基本面開始產生了重大的變化，第一，產業面由於亞洲金融風暴的影響，使得亞洲的經濟景氣不確定因素大增，而且匯市的發展也使得台灣的出口面臨極大的挑戰；第二，原本重要的作價觀念業績、本益比都在一九九七年整整一年的時間內，由於大量的增資擴大資本額已經呈現了無法再成長的情況。

事實上如果我們觀察市場上作手的行爲，股價主要是由資金與籌碼的歸屬，決定了股價的形成，一九九八年初所有本來集中在電子股的資金開始出現了內部實質變化。首先，在年初融資餘額的大量增加，電子股的股價如怒浪狂濤一般在農曆春節之後狂飆一大段，也就在市場上衆人都又重新看好電子股的後市之時，眞正的危機正一步步的來臨。一九九七年即使股價創造者，也有因爲認知的扭曲，市場參與者相互對射而身陷其中的情況，在九八年初他們發現情況不利於後市發展，所以亟欲解套，這是九八年初電子股股價的內在結構，而外在結構是由之前所描述的基本面變化爲主。

四月初市場尚有白我調整的可能，當時指數尚在九千點以上，如果能順利的將資金導向以內需型爲主的產業，後市仍大有可爲。這時刻市場的作手雖然明知電子股的發展情勢，但是否會因爲政府的干預或市場白我調整的力量，產生出扭轉大起大落的過程，尚無法斷定。由以下筆者模仿索羅斯在《金融煉金術》上所提出的作手日誌勾勒年初崩盤的實況，作爲讀者研究索羅斯的參考。

四月一日大盤的線型是非常完美的。

四月二日大盤開高走低，似乎有誘空之嫌，而電子股的走勢彷彿不再能影響大盤。

四月三日電子股利空襲擊重挫，但市場的導引方向，內需型股票似乎帶起另一個轉折的機會。

四月七日大盤動用了內需型的重量級武器三商銀拉抬指數，此時市場的白我調整是否能避免大起大落的發生以達分水嶺，今日的盤勢似乎應可順利避免崩盤，但完全看主政者是否能洞察市場的危機。

四月八日三商銀開高走低，決戰的態勢已成，三日內如果未能扭轉，則大盤的崩解將不能避免。

四月九日、十日電子股因爲美國股市大跌而狂瀉，但相對的內需型股票也重挫，代表了市場自我調整機制的失敗，政府也無心扭轉，崩盤大起落局勢將在近日內發生，市場的主力炒手如同見血的鯊魚一般開始明確的佈署空頭倉位。

四月十三日、十四日空頭佈倉的腳步加快，按照索羅斯的看法這個時刻扭曲力量已然達到最大力。所有的自我調整機制都已經失靈，唯有大崩解才能調整市場的機能。

四月十七日整個大盤已經形成崩解的情況：(1)落後性類股出頭；(2)一般所使用的技術分析中，顯現的盤頭情況明顯在主流類股中出現；(3)中期籌碼散亂的情勢有增無減；(4)量價背離、指標背離。這時從索羅斯的思維模式來看，市場的參與者將會出現另一個反方向的扭曲極致點，是空倉加碼放空的大好時點。

四月二十三日日月光半導體除權爆出，單各股上百億的天量，市場開始警覺勢態的發展。

四月二十八日大盤空方力量已經如集結完畢的鯊魚群開始積極施虐。

四月二十九日台股開始崩盤，電子股的傳奇進入了黑暗時代，電子股對大盤的影響不能停止，代表了市場機能自我調整尚未完成，整個盤面將繼續惡化。

五月十六日大盤已經崩跌至八千點，但殺盤未止。

五月十九日市場又出現由內需型股票來調整市場機能的努力，但在此處爲時已晚，過去對眞相認知的扭曲已經徹底的轉爲另一個極點，時間上的調整，以及價格的重訂，整個市場機能不是一個月可以完成。

五月二十八日空頭走勢繼續，而市場參與者仍未完全走向另一個極點全面看空，所以空頭將繼續發展。八千點是不可能打成底部。

六月十五日指數已然來到七千點的位置，市場全面看空，極度扭曲又到了另一個極點，空單史無前例的大增，代表了如同在年初融資大增一樣的情況。所差的只是需要時間來重新布置調整步伐。

由此回頭望去，台股已經由九千二百六十點滑落至七千零九十九點，市場的起伏之大眞使人驚嘆。

如果以索羅斯的方法切入台灣電子股的這段傳奇故事，自然可以清楚的了解崩盤不是必然，只是主政者對市場機能能否清楚的了解，而且能在適當時點進行適當措施，不能盲目的相信市場機能，這是索羅斯最重要的洞察，台灣的財經當局事實上所具有的自我調整能力，的確被市場上大眾所低估，當然台灣財經當局不可能施政完全正確，但它的調整力以及自我認知，的確相較於東協各國在人爲干預之後，又宣稱尊重市場機能相信市場魔術要高明得多，美國的股市近年的多頭走勢，與日本經濟八年來的低迷都是索羅斯思維的最佳註腳。

讀者由此可以看出本研究中心，針對台灣股票市場的運作進行了深入的研究，並且運用索羅斯的思考模式進行實戰演練，上述的研究心得只是持續追蹤的課題之一而已。有興趣持續了解本中心如何運用索羅斯金融市場思維進行台灣股票試驗的讀者，可以透過網際網路參觀我們的研究工作。

在經過了上述三個檢證，讀者應該能夠了解索羅斯的投資理論，果然有其深具價值的部分，而且在理論不能證實只能證假的信念下，索羅斯展現出驚人的操作實力與推動世局變遷的能力，這是無庸置疑的事實。只是世人盲目的追逐索羅斯用來當作形容詞使用的「大起大落論」、「繁榮與崩解」……這些華麗辭藻，只怕眞相早已被衆人所忽視了。

第三部　索羅斯的理想——為了崇高理想而賺錢

「上士聞道，勤而行之；中士聞道，若存若亡；下士聞道，大笑之。不笑不足以為道。故建言有之：明道若昧，進道若退，夷道若纇，上德若谷，大白若辱，廣德若不足，建德若偷，質德若渝，大方無隅，大器晚成，大音希聲，大象無形，道隱無名。夫唯道，善貸且成。」

道德經・第四十一章

第五章　索羅斯的開放社會理念

索羅斯開放社會理想的理論基礎

前文所言，索羅斯所信奉的「開放社會」概念主要是受波柏哲學的影響，而這個概念主要是見於波柏的鉅著《開放社會及其敵人》（*The Open Society and its Enemies*）。在書中波柏主要傳達的理念是，「開放社會」之精神源自蘇格拉底的希臘時期，近代法國大革命引起的歐洲啓蒙運動的背景就是延續自希臘時期的文明精神，這個精神的具體展現是在人類企圖擺脫「封閉社會」進而建立「開放社會」的嘗試。但是追求「開放社會」的努力常常會被很多外在因素所阻礙，波柏特別強調幾個重要的因素，並且以三個代表性的哲學家：柏拉圖、黑格爾及馬克思的哲學體系作爲「封閉社會」的代表，在波柏看來，這些封閉的哲學體系就是人類邁向「開放社會」的主要敵人，波柏主要是用其主張的批判理性主義和科學方法的實踐性來批判這三位哲學家，波柏的目的就是要讓啓蒙運動所代表的人類追求「開放社會」的精神得以實踐。波柏所主張的「開放社會」是一種符合人道主義目標的社會，而要符合人道主義的目標，就要透過批判理性的態度來肯定啓蒙運動的精神，並且在實際運作上透過社會工程的手段去追求「開放社會」的落實。

波柏明確地強調，所有的「開放社會」都是以人性、理性、平等和自由作爲目標，但是這個文明精神總是受到困擾，從部落社會逐漸過渡到開放、民主，這是一個巨大的變動，所有的變動都會造成緊張，這種緊張就是對變動的不習慣，這種不安又會把整個文明倒退回追求「封閉社會」的情況，波柏將此稱爲歷史的逆流，這種人類自然的緊張情緒和歷史的觀點結合，就會產生波柏所指陳的歷史定論主義，同時根據這個主義會產生出相對應的方法。對於這個過程波柏認爲應該要用一種正確的責任感，把這種人類文明發展產生的緊張視作必然的過程來接受，並且必須徹底地放棄爲了逃避這種緊張所做的各種嘗試，在「開放社會」中應該要運用理性來決定社會改造的方向，以及解決在社會變動中所產生的問題，所以波柏大力地批判歷史決定論，在他看來，歷史資料只包括那些符合於一種預先設想的理論事實。既然沒有更多可引用的事實，這種理論一般說來就不可能受到考驗。歷史理論是「一般的解釋」，波柏認爲解釋的確是重要的，但絕不能因爲某個一般性的解釋似乎符合於所有記載，就認爲它已被證實了。必須要牢記它的循環性，而且要記住還會有其他符合的解釋，甚至是對立的解釋，波柏希望人們不要再天眞地相信能夠永遠只用一種方式來解釋任何一整套的歷史記載。波柏特別指出，第一，總有一些對事情的了解並不眞正符合確定的記載；第二，有些解釋如果要避免受到記錄的歪曲，就需要添上若干可以自圓其說的補充與假設。還有一些解釋不如另一些解釋那般能把一系列事情連繫起來，從而進行「說明」。在歷史解釋的領域內，當然也有一定的進展，但多少都帶有幾分普遍性的「觀點」，與上述的特殊或個別歷史假設（這種歷史假設在理解歷史事實時，僅在起初的步驟爲預設條件時起作用，而不能起一般規律的作用）之間，還可能有各種中間的階段。這些可以給予相當考驗，因而可以比得上科學理論。

既然每一代都有它自己的困難和問題，因此也都有自己的興趣和自己的觀點，那麼每一代就有權按照自己的方式來看待歷史和重新解釋歷史，而這種方式是補前代之不足的，我們研究歷史是因爲對它有興趣，也可能因爲我們想多懂一點與自己相關的問題。但是，如果我們受了一種不通的客觀性概念影響，而不敢用我們的觀點來提出歷史問題，那麼歷史對於這兩個目的，就連一個也達不到。所以不可能有一部「眞正如實表現過去」的歷史，只能有對歷史的解釋，而且沒有一種解釋是最後的解釋。因此，每一代都有權來做出自己的解釋，同時不僅是有權利，甚至是有義務來做出自己的解釋，而且沒有一種解釋是最後的解釋。

波柏對於歷史的看法，深刻的影響了索羅斯的歷史觀，甚至可以說索羅斯對波柏的這個觀點，在經過批判與深思之後，已經全盤吸收從而重新建構出屬於索羅斯的史觀。

波柏所指的「開放社會」之明確定義就是，這種社會組成的基本信念就是「信賴」：信賴人道、信賴自由，「信賴」就如同一般關係一樣，同時並且信賴「開放社會」爲唯一的信賴。相對於此，「封閉社會」則是一種具體的、半組織狀態的內聚團體。所以「開放社會」和「封閉社會」是完全相反的，「開放社會」是抽象的，是由相互競爭的個人自由組合而成的聯盟。

波柏認爲「開放社會」裡的經濟運動是根據社會制度按照個體的決定和行動去理解，而不是按照所謂的現實去理解，所以波柏特別談到可以構想出一個從不直接對抗的社會，而在波柏看來，現代的市民社會已接近於這種模式。

在波柏的理論中，主要由政治和經濟二個方面來闡述抽象的「開放社會」概念，基本上波柏的政治理論是一種帶有保護主義色彩的主張，因爲他認爲我們向國家要求保護，不僅是爲自己也爲他人，人民要求的是有組織能提供防範的國家，就是由於個人能夠獲得自由的保護，所以才會願意個人的行爲自由被國家稍做剝奪，因此國家應儘可能均等地限制個人自由，不要超出必要的極限；而且由於這樣的國家是建立在人民自覺之上，因此不會再回到古代君權和極權，這也就是波柏所謂主權被動的防護。由此民主政治所關心的不再是誰將成爲統治者，而是我們如何能夠制服他，民主制度最珍貴的價值，就在於建立一套檢查和平衡的體系以防止非正義，並且提供使社會擺脫不好政府的方法。

在經濟方面，波柏認爲「開放社會」的概念，根本的來源是來自經濟主義，而一個國家之所以必須始終保有比經濟利益更強的力量，是因爲國家干預經濟事務的需要性，是直接來自國家的存在，是爲了保障公民的自由。由於經濟權力對於自由的危害程度，可能與物質的暴力沒有什麼兩樣，因此必須要有一個政治上的安全保障來防止這種權力的濫用。

波柏的理論主要就是在經濟和政治這兩方面進行闡述，在實際的方法上波柏倡議的乃是「細部社會工程學」這個概念，波柏認爲制度要像機器，爲了人類社會的目的存在並提供服務，社會工程是運用理性來探討制度問題，並按照效力來判斷良窳，而且還必須通過實驗不斷地改善，這個方法學的概念深刻影響了索羅斯思想的形成，所以說波柏的這個主張就是索羅斯思想的理論基礎絕不誇張。特別值得注意的是，波柏是在傳統的社會工程學的概念中，進一步提出細部工程學，這是一個重大的方法轉折，對於這個方法的效果仍存有許多爭論，但我們要了解，因爲波柏深刻體驗到盡善盡美充其量只是一個遙遠的目標，而且他不願意接受爲了遙不可及的夢想去犧牲這中間許多代的人，所以他主張，應適當地尋找現實社會中最嚴重的缺點來尋求解決，如社會經濟現象中不公平的問題等等。如此一來，理性將取代暴力，無論男女老幼，個人的自由將受到尊重，因爲基於這個考量設計出的制度及方法能夠使人幸福，雖然這些制度和方法仍可能是錯誤的，但是卻能夠因爲理性的設計確切幫助不幸的人解決問題。

而且制度也不眞的只是機械，制度是由人所組成，事實上很多方面都依賴人去決定，所以也應能按照人們對他的要求去變化，由此我們便能夠去控制這個由人所構作的制度，我們必須建立民主化控制經濟權利的制度，來保護我們免於受到經濟的剝削。雖然我們了解波柏主張的背景，是用來對抗共產主義的發展，在今日看來或許這種主張已然不夠完備，但我們仔細審視市場經濟的發展，與自由市場理論的發展，波柏的主張都成爲了整個民主制度及市場經濟運行的主要理論基石。

索羅斯對於「開放社會」的理解

以下我們將仔細的探討索羅斯對波柏「開放社會」理念的理解。

第一，索羅斯認爲他對「開放社會」這個觀念的思考，完全符合於他的對射理論，也就是說，他在思考「開放社會」的問題時，所進行的思維邏輯完全與他在金融市場一致。他談到：「就金融市場而言，如果對射論能廣爲衆人接受，市場就變得比較具對射性。」而就相對的價值與絕對的價值來說，索羅斯毫不遲疑地指出，他完全不認同相對價值式的比較，他所追求的是絕對價值。「認爲如果投資人能以絕對表現而不是相對表現作爲投資依據，市場會平穩許多。」當然索羅斯也明白投資的目的在求表現，所以最重要的是股票的漲跌，而不是股票根本價值的這種理解，索羅斯對於投資人的心態可謂拿捏得絲絲入扣，而且他還進一步指出，這是一種邏輯性的弔詭，因爲當股價遠離基本價值，市場都將基價棄之於不顧，這時股價又會呈現不穩定的形態造成崩跌，而這一來一往的起落，索羅斯在金融市場中都把握其中的關鍵來獲取利潤（相關的討論請參見本書第二部），但這個過程弔詭之處就在於想獲利必須依賴絕對價值，但事實上市場又需要基本價值，所以索羅斯指出要放在制度面的角度來審視，穩定與基本價值的關聯。所以他就是從這個廣義的角度，將他的金融思想導入關於政治的領域中：「這套理論適用於金融市場，也適用於政治。當基本價值有缺陷時，……，假設所有基本價值都有缺陷時，則制度將搖搖欲墜，進入動態不平衡的狀態。問題是索羅斯指出只要掌握其對射理論，則應明瞭所有基本信仰本來就是有缺陷的，所有人爲建構也都是有缺陷的。而且在特定情況下，缺陷可能變得十分的嚴重。」也就是說，如果能掌握索羅斯所倡之「對射理論」，則所有基本價值的潛在缺陷都將變得十分明顯。當基本價值可能有缺陷時，人們如何依賴它，這立刻涉入了波柏基本思想概念，也就是否證的方法，索羅斯也是用同樣的方法，他指出：「如果我們能夠接受我們的了解一定不完整這一點，我們就能根據這項見解建立一套價值系統。」所謂的「穩定」平衡狀態只是一種理想的狀態。索羅斯對射理論就是要破壞人們對基本價值盲目未經批判的信心。

第二，索羅斯對開放社會的理解，就在於他對批判性思考的掌握。「開放社會是建立在對本身的謬誤性的認知基礎上，封閉社會則相反。如果我們的確有可能謬誤，我們會喜歡居住在開放社會而不是封閉社會，否則我們將失去思想與選擇的白由。」「問題在於只有曾經歷過封閉社會高壓政策的人，或是極度厭惡封閉社會的人，才會有這種想法，這不是每一個白出生以來就享受到開放社會的人能夠白然而然地理解的。……這是開放社會的一大缺點。白由有如空氣，大家早就視爲理所當然。如果你不珍惜它，不保護它，就失去它。」「開放社會觀念必須根植於人類對白身可謬誤性的認知。如何將它變成一種基本價值則是個問題。」「它仍然是今日社會所面對的一個困境。如果我們想要一個開放社會，就必須準備去維護它。」所以索羅斯指出必須相信以下的命題：「因爲個人利益必須附屬於大衆利益。」

市場上大受歡迎的抽象觀念：白由競爭概念，准許人們去追求白我利益，然後把其他問題交給市場機制去解決。這項理論的背後是假設市場永遠不出錯。索羅斯對這項理論持強烈的反對意見。因爲他認爲所有人類架構天生就有缺陷，不過我們必須注意，政府無能管理這項事實並不保證無政府管理會帶來更好的結果。市場機制是因它能提供回饋和改正錯誤，才優於其他安排。「相信白由市場與民主。但在放任機制上仍有一點不敢苟同，光是追求個人利益是不夠的。我們必須將白由市場、民主、白由社會的共同利益擺在個人利益前面，否則整個制度就無法存活。」因爲「金融市場有一個缺陷，它們天生就不穩定。它們必須要由一個被賦予保存與重建穩定權力的權責機構負起監督責任。歷史告訴我們，零規範的市場輕易就會崩潰。中央銀行制度的產生，就是因爲曾爆發多次銀行危機。」當然我們馬上要意識到另一個困難，那就是「管理人員不見得比市場來得完美；或甚至更不完美，因此規範永遠會出現非預期結果。當市場機制功能發生故障時，我們常會以引進規範的方式去限制損害，但是規範又會帶來扭曲，甚至最後當規範無法作用時，它們也崩潰了。接著我們就從放任機制擺盪到高度管理的另一端。索羅斯認爲這樣的擺盪是無可避免的。問題是，擺盪的幅度有多大？它們仍是在可容忍的範圍內？還是已超乎容忍度？在作用良好的金融制度或是政治制度中，其規範是十分微妙的，你甚至感覺不到規範的存在。但當制度崩潰瓦解，出現崩盤或不景氣時，任何的規範都可能過度。如果開放社會不會出現崩潰，封閉社會就無生存的空間。」

第三，索羅斯對歷史的觀點，與波柏的觀點實爲表裡。歷史不跟隨一個預先決定的模式。索羅斯的理論中心是：「所有事件的過程都無法預先安排。如果人類花工夫去維護它，開放社會可以一直存在，它的壽命長短完全取決於人類。封閉社會有時看來無止無盡，就算是它們並不眞能如此，它們也會聲稱它會是永恆的狀態。」「開放與封閉社會交替存在並不屬於歷史，它是當我們區分何者是開放何者是封閉社會時，被引用到歷史上的。」「開放與封閉社會並非眞正的歷史觀念。歷史受時間限制，但這些觀念並不受時間拘束。它們只是湊巧與歷史的此刻有關。」

開放社會不是歷史觀念，「它純粹是一個理論觀念，來自於思想與現實的矛盾之處。我們有兩種看待這種矛盾的方式。開放社會承認矛盾的存在，封閉社會則否。這些是可能與眞實情況接近的抽象模式，但從來無法達到相當的眞實情況，否則思想與現實之間就無矛盾存在。」「開放社會代表的是人民的理想。我對開放社會有種強烈的認同感，認為它是一種人人嚮往的社會組織，所有曾居住於封閉社會的其他人，相信都會如此認爲。」

第四，索羅斯指出開放社會的缺點，以及說明爲何需要推動「開放社會」的理想。開放社會的理想並非毫無缺陷。不穩定、價值的缺陷，都是它的缺點，這是開放社會就理想而言有時顯得較爲脆弱的原因。封閉社會所提供的理想則更吸引人。不過，在封閉社會，理想常與現實嚴重脫節，在開放社會，理想與現實則相當靠近。你必須要了解思想與現實之間的矛盾，才會選擇開放社會。「開放社會是根據我們知道我們的了解一定有瑕疵而來。它看來是缺點，但正好相反，不完美的可以加以改進。接受因我們的缺陷而帶來的不確定性，能爲我們敞開無止盡改進的大門。」「科學是最佳明證。科學是人類智慧的榮耀，而它是完全根據相信它自己的缺陷而來。如果科學理論包含至高眞理，就無考驗它們的必要，而科學進步也會停止腳步，但你放棄『完美』這項不可能的要求，就能踏上進步道路。你會發現開放社會通常與進步繁榮連接在一起。」開放社會也有致命傷，那些已經身處於開放社會的人，並不會認爲開放社會是値得奮鬥的理想。開放社會提供選擇的自由，失去它時，會頭破血流地去爭取，但當它唾手可得時，就會顯得不足。只要開放社會被公認爲是共同的價値，就算民主人士內部派別林立，仍能共同抵抗外侮。困難在於開放社會自身就是它最大的敵人，因爲開放社會並未被認爲是一個共同價値。這是波柏未能提及之處。

「開放社會是一個世界性觀念。可能犯錯是人類的狀態，它適用於我們所有人。獨立宣言聲稱所有人生而平等。就它的形式而言，它無法不證自明，但若從人類狀態來看，它言之成理。就人天生有可能犯錯而言，我們的確生而平等，而可用來作爲全球價値的基礎。」而且開放社會不是一小群人的事務，它必須是社會共同的信仰。索羅斯指出，開放社會因欠缺價値而深受其害。所以索羅斯將注意力轉向西方的開放社會。因爲索羅斯認爲他們必須被說服有必要將開放社會視同公益——一個共同的價値。

索羅斯之所以主張並且願意爲其他國家爭取開放社會的理由，是由於他認爲我們須擁有一套世界秩序，才能促進和保護開放社會的原則，只是我們並不了解我們有這種需求。而和平與穩定來白於均勢，冷戰時期的權力均衡已告瓦解，新均勢尚未出現。我們必須找到一個共同基礎，一個能讓我們對抗民族主義份子或是基本教義派專權的全球性觀念。

我認爲開放社會的觀念能夠成爲共同基礎，索羅斯一直想傳達的觀點，就是沒有共同的信仰與穩定的權力關係，我們的文化就注定會滅亡。

索羅斯對於波柏「開放社會」這個觀念的理解，主要可以歸納爲二個要點：第一，在這個社會中人民是否有權決定政府的形成，而且政權的更替是否可以不經過流血而能順利轉移；第二，在這個社會中，人民是否享有言論、出版、信仰、遷徙的白由。索羅斯並且在實踐波柏的理念，也就是進行「開放社會」的行動當中，將波柏哲學一貫採用的「解構」方法發揮得淋漓盡致。

綜而言之，索羅斯在科學方法上因爲掌握了波柏哲學對理論設計缺失的銳利批判，所以他主張金融市場是長年處於不確定的狀態，因爲金融市場的組成是建基於許許多多對經濟理論的未經批判的理論信仰上，由此他能夠掌握金融市場發展變動的關鍵而致富。

而對「開放社會」理念的宣揚與追求是他將白身的思維過程以及實際擁有的力量放在實踐的場域中，我可以將之理解爲索羅斯對名留青史的追求，以及終極關懷的實現。

第六章　索羅斯的開放社會行動

在前文中筆者曾提及，索羅斯現今積極推動的事務，就是希望促進中國社會逐步的邁向開放社會，所以在本章中將分別由理論與實踐兩個面向探討索羅斯開放社會思維運作的整體面貌。

索羅斯推動中國走向開放社會的理論背景

波柏哲學賦予了索羅斯哲學體系，而索羅斯的思維運作則給了波柏哲學體系生命活力，在開放社會這個概念的推動中又再度看到這個景象，「開放社會」是索羅斯的終極關懷，而他的入手處理則完全基於波柏理論，所以大致上可以區分爲(1)索羅斯如何理解波柏對於馬克思思想的批判，以及(2)運用到當代中國現狀上，索羅斯所產生的新理解兩個討論部分。索羅斯認爲波柏批判馬克思宣稱理論的科學性狀態無法證假是正確的；但波柏堅持方法的統一學說卻使得波柏面對馬克思學說中某些觀念中的正面觀點不能被他所接受。

波柏將黑格爾與馬克思所提出的歷史理論視之爲無意義，那是由於波柏將馬克思主義分爲三階段，第一，所謂的苦難掙扎階段；第二，社會革命不可避免；第三，無產階級社會將會出現。波柏仔細分析了每一個階段，並且明確地指出在每一個階段中，馬克思的分析都是錯誤的，而主要的錯誤在於他忽視了政治的力量。因爲馬克思拒絕接受由人民所組成的政府，有可能可以成功地將資本主義納入控制之中，馬克思的排拒之處卻也就是當代市場經濟發展的基礎。

同時馬克思也忽視革命時工人失敗的可能，馬克思預設工人獲勝，階級差異會消失，但這卻可能是錯誤的。所以我們看到馬克思主義在表面上是完成民主，但實際上馬克思主義所關心的問題是社會的進步，而不關心革命後所產生的新世代、新正統需要如何消除，以及連帶引發的後果必須如何處理。

索羅斯指出雖然波柏的批判是合理的，但如果有一個不完全是由嚴格科學來進行理解的空間，則波柏對馬克思主義學說的判斷似乎有過於粗糙的嫌疑。索羅斯指出黑格爾與馬克思是在了解到歷史是一個詭辯的過程之後，才進行探索。所以說黑格爾與馬克思的方法應當有其優點可供學習參考。並且索羅斯指出黑格爾辯證的觀念就相當有價值，馬克思掌握了黑格爾的系統後，並將之改爲辯證唯物論也是一大創見。

但想要深入的了解這個問題就必須回歸波柏對辯證法的解釋，波柏的處理方法是由哲學方法作爲立足點開始進行思考，在波柏看來，人類不管面對什樣的問題，用來解決問題的方法通常都是試誤法。而且波柏更主張試誤法如果被有意識地採用，就具有科學方法的特色。

在波柏看來凡是沒有採用試誤法，多半是由於某一理論體系被當作教條長久信奉所造成。波柏指出，一般來說，人類對問題的反應大致分爲兩種，一種態度是提出某種理論，並且儘量一直執著於那個理論；另一種態度則是一旦發現這個理論的弱點，就對此一理論提出挑戰，這種態度就是用試誤法來解釋的「意識形態之鬥爭」（the struggle of ideology）。

由於波柏是由科學方法來理解「辯證」（dialectic），所以在波柏看來，現代意義下的辯證法，是一種主張某種事物（特別是人類的思想）是依照所謂正（thesis）、反（antithesis）、合（synthesis）之辯證三階段來發展的理論。

波柏也不否認，辯證的三階段把思想史上的某些觀念及理論，以及建立在這些觀念和理論上的社會運動描述得頗爲貼切。但波柏要指出的是，辯證的發展是依照試誤法來進行的一種「解釋」，但並不依照試誤法來進行「理論之發展」（development of a theory）。因爲試誤法只涉及一個觀念以及針對此觀念而提出的批評，並沒有暗示它會造成進一步發展，也並不曾暗示說一個「正」和一個「反」之間的爭執會導致一個「合」，某觀念及其批評，或者說是——「正」和它的「反」之間的鬥爭會把這個「正」淘汰。試誤法並不預設最初只有一個「正」存在，因此可以容易地把試誤應用到起初有許多不同的「正」，而且這個「正」獨立地存在，不只指涉於某一個對立的存在。

簡言之，在波柏看來辯證法和試誤法最根本的不同就在於，試誤理論只說不令人滿意的觀點會被駁斥或淘汰，但辯證理論卻認爲這其中還有別的道理。辯證法強調：我們所研討的觀點或理論雖然可能被駁斥，但在它們之中非常可能還有某些值得保留的成分，要不然它們當初就根本不會被提出並被認眞地研究。「正」當中有價值的成分，可能會由爲「正」辯護的人更清楚地提出來。「正」、「反」之間的鬥爭所造成的理想結果便由「合」保存了。

而且波柏極度反對，一些辯證家所用的隱喻，那就是暗指「正」會製造（produce）出它的「反」的這個說法。波柏指出「反」是由批判性而來；如果沒有批判，就沒有「反」會產生。所以絕不要以爲「合」乃是「正」和「反」之間的「鬥爭」（struggle）所「製造」出。這種鬥爭是一種心智的鬥爭，而主張心智鬥爭一定會製造出新的觀念，根本是一種盲目的說法，波柏指出人類思想史上曾有過許多枉費心機的鬥爭，結果什麼也沒有製造出來。而且更重要的誤解和混亂是辯證法家對於「矛盾」（contradiction）的含混籠統說法。雖然辯證法家正確地指出，「矛盾」在思想史上具有最重要的地位，和「批判」是同樣地重要。但辯證論者將批判只視爲能夠指出發生的矛盾現象而已。事實上波柏認爲批判才是思想發展的原動力。辯證法家正確地指出矛盾，但他們卻主張，無法避免矛盾，因爲世界到處都充滿矛盾，這種主張等於是在攻擊邏輯中的「矛盾律」和「矛盾之排除定律」，但事實上邏輯定律：「兩個互相矛盾的陳述不可能同時爲眞」，「一個陳述包含有二個互相矛盾之陳述一定不爲眞。」是一切科學的基礎，也是人類理智的精華，辯證法家想要藉由引述矛盾的豐富內涵，而主張必須拋棄邏輯定律，並宣稱辯證法會導致新的辯證邏輯，這是波柏完全不能接受的。

波柏對於辯證法的看法，正說明了索羅斯爲什麼不能接受中國大陸的市場人士與學者將「對射理論」等同於辯證法的理論背景。但索羅斯明確的指出，波柏因爲方法的緣故而反駁排斥馬克思學說，並非完全正確，在索羅斯看來最重要的交互作用是介於觀念與物質條件之間。交互作用是一個眞實的歷史過程。因爲它既沒有留下觀念也沒有留下不變的物質條件。這是一種雙向連結，並沒有決定性的結果。雙方都無法決定另一方的結果，雙方都被彼此所影響。

索羅斯將這個介於兩方之間的關係稱爲「對射」。並且將獲致結果的過程稱爲「歷史的鞋帶理論」。索羅斯自己也承認以鞋帶做比擬多少有誤導之嫌，因爲以鞋帶描述似乎指稱兩者爲對稱，並不符合索羅斯所主張參與者的看法以及其所投身的情境。但索羅斯所要表達的是這是一種新的辯證法，以辯證的形式連結了黑格爾及馬克思的辯證法，以黑格爾辯證法爲論旨，以馬克思的辯證法爲反論旨，則索羅斯主張的新辯證法便是綜合性的，在索羅斯看來，這種看待事物的方法，在當代中國應當能夠適用，而且這種研究應該不會觸犯中共當局所允許用來批判性的檢證馬克思思想的範圍，因爲這是建基於馬克思學說所做的「對射」概念發展，只是由這種推論所產生的歷史結果有別於馬克思主義對於重要面向的解釋而已。馬克思主義帶有宿命論的色彩，但新的辯證法提出了不確定的原則，藉由論證參與者的決定以自然地不完美理解爲依據，而這個不完美的理解同時影響了歷史的過程及我們對歷史的解釋。在這裡我們可以清楚的看出索羅斯對波柏學理的徹底掌握，一方面索羅斯不執著於依照波柏對馬克思的批判且對馬克思主義全盤否定，另一方面索羅斯更使用了波柏的解構方法深入了馬克思主義學說的核心，並且導向於實踐面。

索羅斯推動中國走向開放社會的理論實踐

索羅斯在中國大陸進行的開放社會行動，主要是根據他在東歐成功的模型來運作，這個模型的實際運作方式就是透過贊助知識份子來進行宣揚開放社會的理念。白一九八七年起，索羅斯便透過與趙紫陽幕僚群的接觸開始了他的活動，所以一九八九年發生在天安門廣場的學運對索羅斯而言，應該也是一段刻骨銘心的記憶。

當初，索羅斯在東歐成功地策動推翻共產極權專政的各種活動，主要的方式就是透過各國的知識份子與學術團體來建立人際網路，並且透過這個網絡作爲傳播開放社會的理念基礎。而這個計畫設計的高明之處，就在於索羅斯的確洞察了西方文明形成的原因與動力，雖然他是透過波柏的哲學來掌握，但不可諱言的是索羅斯的確也有其過人之處，我們可以由他在東歐各地廣泛捐贈影印機的舉動就可以窺之一二。這其中的關鍵在於索羅斯掌握到在封閉社會裡想要傳播新知是不太容易的，而影印機就是最實際而且是最佳的傳播工具，當知識逐步透過有效率的傳播成爲有效率有組織的機制，索羅斯開始了解東歐實際所面對的各種問題，當然也就能夠容易針對最有成效的事項進行攻堅，所以東歐邁向開放社會的過程之所以成功，主要就是有這些知識份子的參與，以及進行理念的宣揚。如前所述，索羅斯這個舉動事實上有著很深刻的理論背景，直接相聯於波柏的理論，現在且讓我們對此稍做解析，以便稍後檢證索羅斯在中國所有活動的成功機率。

波柏曾經指出歐洲文化的起源，正是出於「對書籍的愛與執著」。在波柏看來，西方文明在本質上屬於地中海文化，即是以亞歷山大帝國與羅馬帝國爲媒介傳播流布的希臘文化。希臘文化，則誕生於紀元前六至四世紀之間的雅典城市。所謂「雅典奇蹟」就在指稱雅典人能在紀元前五百至四百年中短短的百年間，創造出高度水準的美術、文學、悲劇、哲學、科學，以及民主主義。書籍的出現正是這個奇蹟的關鍵，波柏更進一步將其與古騰堡發明印刷術之後，在義大利所引起的文藝復興運動這段歷史相互對照。文藝復興規模之大，絕非雅典文明史可比擬，但其過程與精神，卻驚人地相互一致。因此文藝復興運動的旗手——人文主義學者們，乃至藝術家、科學家們，所欲「復興」者正是古代雅典的文化。其中尤爲明顯的是歷經哥白尼、伽利略、克卜勒、牛頓乃至愛因斯坦的宇宙論發展光譜正是透過書籍市場的媒介而上溯至雅典文明。所以波柏進一步指出，歐洲文明其發源處正在「書籍文明」（bookish civilization）。這個文明，既依存於傳統，也不諱言革新，極其眞摯而重視知識責任；這個文明，發揮了無與倫比的創造力，同時尊重自由，並對侵犯其屬性的危害異常敏感。所以這個文明的根底，正是出於「對書籍的愛與執著」。索羅斯行動所蘊涵的深刻文化意涵完全是基於此波柏的理論，所以索羅斯能夠成功地推動東歐的社會走向開放，這絕非一般的智慧所能了解。

索羅斯成功推動開放社會的關鍵背景，就在於對歐洲文明起源的掌握，進而設計出有效的運作方法。但索羅斯若想把這個模式放到中國大陸必須經過相當程度的調整，這也是過去造成他在中國大陸推動開放社會行動都未能產生重大成效的原因。據筆者所了解，近期索羅斯支撐了設於香港的網際網路民主網站，這當然都邏輯性的符合了他的原始理論模型，但從實際的層面來考量，索羅斯在中國的理論運作模型上尚有很大的修訂空間。首先要[illegible]網際網路與知識份子對於理念進行闡揚，來推動中國大陸走向開放社會的行動，這種東歐模型移植式的做法，顯示索羅斯對於中國之文明的傳統尚了解得不夠深刻。筆者認爲索羅斯應更深入地去理解中國哲學的思維特色與結構，這個理解的過程應該也是符合於必須先部分地進入一個結構裡再進行改革的這個源自波柏哲學的解構方法。索羅斯自己也曾經明白的說過，要想改革一個制度須先進入這個制度中，用符合這個制度的遊戲規則來進行活動，之後才有可能找出這個制度與結構的破綻。因爲中國大陸有著一個獨特的文明體系，只單純地移植很容易遭致失敗，中國哲學具有獨特的理論系統，近代中西融合、傳統與現代融合的各項問題都尚待解決，這都需要持續性的努力。其次，在中國社會的結構中，知識份子所關心的理念與思想並不直接的主導社會與國家的發展方向，在漢語文化區域中，社會的組成份子，必須先是「社會人」然後才是「理念人」，這意謂著經濟與政治這些外在的社會力量主導知識份子的走向，而非由知識份子的理念主導與決定社會的發展，所謂「利之所趨」、「學而優則仕」等俗諺，都是這個結構的最佳註腳。在過往的歷史上，中國的知識份子通常扮演了政治上和社會上的穩定力量，也就是說中國的知識份子基本上傾向於在不更改現行制度的情況下進行調整，這也解釋了中國過去任何革命性的變革，其起源爲何都來自鄉村而非都市。尤其鮮明的例證是，清朝太平天國之亂，當時著名的知識份子——曾國藩是平定此亂的功臣，擁有絕對的軍事大權，但他並沒有因爲在理念上理解到清朝是異族統治，而且由於清朝的政治腐敗導致民生凋敝，所以便應該運用自身的軍權優勢推翻滿清，進行恢復漢族統治的革命。這就是知識份子保守、擁護既有政權、害怕變革的明證，當然中共政權建立之初也是以同樣的方式來運行。因此，如果索羅斯希望有效地在中國大陸進行開放社會的理想與行動，應再加強對中國大陸的了解，並適當地調整其步伐。相信索羅斯絕對有調整其運作方式的能力與決心，同時我們也應了解我們自身所應做的努力，在下一章中筆者將詳盡的描述我們所應做的事務。

另外值得一提的是，索羅斯在中國大陸進行的開放社會行動，絕對是以非暴力的理念傳達，這個過程只會對中國大陸的人民生活更有好處，而非引來動亂或者是暴力。如果索羅斯能參考台灣社會邁向開放社會的模式，深入的分析台灣民主化的這個典範，應有助於他在推動中國大陸邁向開放社會的行動。

第七章　索羅斯開放社會行動的回應——批判與行動

在本章中筆者將透過對網際網路上的「索羅斯基金會網站」的這項研究資料，來回應索羅斯的開放社會行動。第一部分首先討論索羅斯的網路計畫，其次，筆者將對索羅斯的網路計畫，提出回應。

http://www.soros.com

索羅斯的網路計畫

「索羅斯基金會網站」是運用網路電子媒介的方式來傳達「索羅斯基金會網站」成立的

理念，而這個網站不但是宣傳與佈達的工具，同時也是索羅斯實踐「開放社會」理念的實際計畫之一。由基金會架構、全球性的網路計畫，以及相關研究計畫三個部分所組成。以下分別予以說明。

基金會架構

這個非營利性質的基金會主要是由索羅斯所建立，目的是以電腦網路的形式來連結各地區致力於開放社會工作的組織。其架構是由「國際基金會」（National Foundations）作爲主軸，而該基金會本身是一個自治性的機構，其工作業務主要是爲了針對特定地區提供計畫性的援助。

國際基金會分別在中歐、東歐、前蘇聯、瓜地馬拉、海地、蒙古及南非等地設立分支機構，但每個國際基金會都設有董事會和職員，以便決定該基金會優先執行的工作。這些基金會都是以非官方的性質存在，其成員主要是由當地的專家學者所組成。基金會董事會所交付的工作任務及策略目標，都是針對各國的急切需要來設計，由參與的成員以各種不同的策略和方法來達成目的。

全球性網路計畫

網路計畫是由紐約開放社會中心（Open Society Institute - New York）、布達佩斯開放社會中心（Open Society Institute - Budapest）所共同發起。其工作主要是與國際基金會進行特定領域的合作，諸如：藝術和文化的提升，幼兒教育和衛生保健工作的推行等。

紐約開放社會中心的美國本土計畫包括了：爲了研究出兼具人道關懷的防治犯罪計畫，建立了研究與防治犯罪中心及社區文化中心；爲了解決合法移民所面對的種族歧視問題設立了 Emma Lazarus 基金；以及針對毒品政策的研究所設的 Lindesmith 中心；此外，還有爲了提倡可供選擇的臨終關懷方案所推動的美國地區臨終安養計畫（Project on Death in America）；以及爲了提供資金給致力於開放社會的工作者所設立的開放社會友誼計畫（Open Society Fellowships Program）。其他的研究計畫焦點主要集中在財經活動革新、教育革新、優生保健、青少年成長發展、專業醫藥和新聞從業人員之道德問題等等。

相關的研究計畫

在索羅斯全球網路計畫中，「國際初步工程計畫」也是重要的一環，國際初步工程計畫多數的提案都是源於紐約開放社會中心。索羅斯將相關的工作分成研究討論世界共同體所面對的各項問題，如移民、環保、地雷拆除等，關心藝術與教育，以及處理地域性的疆界問題等三大部分。

索羅斯開放社會行動的回應

在討論了索羅斯這位金融大師對「開放社會」所進行的理論研究與實際行動之後，筆者在此要針對索羅斯帶給我們的啓示做出積極的回應。

首先，索羅斯無論是在金融市場的活動或是在開放社會理想的推動，都與生活在台灣的我們息息相關，他的舉動已經不由得我們漠視。

在金融市場方面，最近十五年以來全球性的金融危機不斷地發生，許多國家的經濟發展在金融風暴的衝擊下，久久不得翻身，這當然和九〇年代以來資本自由流動的現代資本主義市場經濟息息相關，而全球跨國界的金融資本流動所引爆的投機活動，對金融動盪有著加速的作用，而金融活動隨著現代資本主義的發展已經逐步的脫離傳統對資本運作的思考方式，轉而進入了一個虛擬的空間，脫離了物質性的思考，而形成了人心建構世界的對決，索羅斯正是這個潮流的主要領導者，可以說他在某一個程度上創造了這個虛擬王國，而今時今日，隨著資訊科技的高度發展，虛擬王國的力量不斷地擴大其影響力，網際網路上的金融交易，以及建構的新世界，都早已超越了傳統的思維，金融投機的活動、世界性的熱錢，就在網路與鍵盤的控制下瞬間集結與解散，這中間的時間差所能集結的動能常常在數百億美元之譜，動輒更上千億，難怪在近年間各國央行對此均束手無策。

索羅斯不但成功地建立金融版圖，而且他更深入地洞察網路對下一個世紀人類文明的作用，所以他積極地拓展將金融與網際網路的資訊科技結合，這個傲人的洞察力與行動力眞使人由衷地感佩，針對此點，筆者提出幾個論點作爲可使讀者思索的引子：

㈠決策者面對如此變化莫測與進步神速的發展，所能做的應是迅速的建立反應的團隊，在各個方面重新思考建立新的金融秩序。

㈡對網際網路的發展，政府決策者除了極力推廣應用外，也應盡力培養能夠思考決策的人才，不能只停在技術層面，或者是在經營管理的層面打轉，因為這個變局需要的是同時能開創性掌握局勢的人才，與後勤管理的整體性配合。

其次，筆者認為索羅斯在網際網路上所做的努力，對中國大陸走向開放社會的道路而言，仍有巨大的落差待補。

㈠中國的思想融合與再造的過程尚未完成，必須先能夠使得中國思想的發展達到一定的水準，才可能面對未來的發展，針對這個問題，筆者已著有專書討論，不在此贅述。

㈡網際網路的影響層面對中國而言尚屬微不足道，還需要更積極的作為，包含更全面性的研究開放社會思想與中國傳統間的關聯，以及網路思維的理論研究等等，這都需要有常設的組織與機構，由專業的研究人員專心的致力於研究，在這方面筆者正積極的與索羅斯所屬的機構洽商籌設台北開放社會中心，希望能持續性的推動各項針對金融市場、資訊科技等新趨勢的研究，以及對於索羅斯針對中國大陸所做的開放社會行動提供有效的策略。

（本中心的籌設正由筆者積極運作中，對本中心有興趣的讀者，可透過網際網路了解我們的研究，並且能夠與我們取得直接的聯絡，我們的網址是：www.taipei-osc.org.tw。附帶值得一提的是本文相關資料的彙總，負責台北開放社會研究中心網路資訊業務的龍霈興先生與執行秘書許慈恒小姐都曾付出相當大的心力，在此特別致謝。）

跋

想要深入了解索羅斯變化莫測的金融操作，需要研究的主題還很多，以本書的篇幅是絕對做不到的，筆者只能在後續的研究中，持續的追蹤，正如前文所言這本書只是開放社會研究的一個開始，金融與資訊將是下一個世紀人類文明發展的兩個主要戰場，誰能在這個新的領域中取得觀念與技術的領先，誰就能取得戰爭的勝利。國家的政治力、傳統工商業的運作模式，在下一個世紀的影響力將大不如前，絕對主宰的力量不但將消失於無形，更有甚者將會看見更多的崩解與隕落。

最後筆者要再次的強調，凡是各個領域的決策者，若其不正視這個潮流所具有的威力，則敗亡的景象就在眼前不遠處。

明末清初大儒顧亭林〈初刻日知錄自序〉的這一段文字：

「炎武所著日知錄，因友人多欲鈔寫，患不能給，遂於上章閹茂之歲，刻此八卷。歷今六、七年，老而益進，始悔向日學之不博，見之不卓，其中疏漏，往往而有。而其書已行於世，不可掩。漸次增改，得二十餘卷，欲更刻之，而猶未敢自以為定，故先以舊本質之同志。蓋天下之理無窮，而君子之志於道也，不成章不達。故昔日之得，不足以為矜，後日之成，不容以自限。」

中國文人之心聲也正好同時說明了本書研究方法與波柏—索羅斯思想核心：不斷創建—不斷犯錯—不斷修改的一以貫之精神，在此特別引出與讀者共勉。

附錄：索羅斯思想體系的研究工具——波柏與索羅斯思想發展表

一九〇二年

*波柏要事紀

・誕生於維也納，家庭爲信奉基督教的猶太家庭。

一九〇四年

*世界政經要事紀

・日俄戰爭。

一九〇五年

*世界政經要事紀

・俄國革命，六月蘇維埃成立。

一九一四年

*世界政經要事紀

・奧匈帝國對塞爾維亞宣戰，第一次世界大戰爆發，德俄坦能堡會戰，興登堡大敗俄軍。

一九一七年

*世界政經要事紀

・十一月七日俄國發生十月革命，布爾什維克黨奪權，列寧任黨主席。

一九一八年

*世界政經要事紀

・匈牙利脫離奧國獨立。

・捷克共和國獨立。

・南斯拉夫獨立。

・十一月一次世界大戰結束。

一九一九年

*波柏要事紀

・開始對馬克思主義予以批評性的反省。同時對佛洛伊德的心理分析學說產生懷疑。

・五月愛因斯坦相對論通過日蝕觀測的考驗，牛頓物理則否。此事啓發波柏「可證爲假」的概念，以作爲區分科學與非科學的準據。而判定馬克思學說和佛洛伊德爲「假科學」。波柏「眞順傳，假逆傳的核心觀念是理解索羅斯行事邏輯系統的樞鈕，其重要性在本書中曾經說明」。

・這一年是波柏思想發展最關鍵的一年。

＊世界政經要事紀

・一月，巴黎和會召開。

・二月，德國進入威瑪共和。

・二月，召開莫斯科第二國際大會。

・義大利墨索里尼組法西斯。

・六月，簽訂凡爾賽和約。

・北京發生五四運動，孫中山改中華革命黨爲中國國民黨。

一九二〇年

*世界政經要事紀

・國際聯盟（The League of Nations）成立

一九二一年

*世界政經要事紀

・十月，希特勒成爲納粹黨魁。

一九二二年

*波柏要事紀

・在一家手工藝工廠工作，前後約兩年的時間學習製傢具，使波柏深深體會到自己的無知，和領悟到：智慧乃起於自己知道自己之無知無限。波柏知識論裡的「會錯主義」（Fallibilism）即來自於此一領悟。波柏的「會錯主義」不僅與索羅斯哲學關鍵術語（Fallibility）有著字源上的相似，事實上也有著思想承傳的關聯。

*世界政經要事紀

・十月，義大利墨索里尼向羅馬進軍。

・十二月，蘇維埃社會主義聯邦共和國（USSR）成立。

一九二三年

*世界政經要事紀

・德國納粹黨在慕尼黑暴動（Beer Hallputsch）失敗，希特勒被捕。

・德拒付賠款，法比軍占魯耳區。

・日本發生關東大地震。

一九二五年

*世界政經要事紀

・羅加諾會議。

一九二九年

*世界政經要事紀

・紐約股票市場狂跌，世界經濟大恐慌。

一九三〇年

*波柏要事紀

・波柏開始寫書，題目爲《知識論裡的兩個基本問題》，這兩個問題是指（科學與非科學的）分界問題和歸納問題。對照一九一九年波柏的思想在此逐步成形，而這個思想的逐步發展令人意想不到的改寫了當代文明的面貌。

＊索羅斯要事紀

・出生於匈牙利布達佩斯的猶太家庭。上有一位哥哥。父親是一名律師，曾經歷過一次世界大戰及俄國內戰，其務實的生活態度影響索羅斯至爲深刻。母親熱愛藝術與文學，故索羅斯對於哲學的喜好應來白於母親的啓發。

一九三三年

＊波柏要事紀

・出版《研究的邏輯》。

＊世界政經要事紀

・美國發生銀行危機，羅斯福施行新政。

・德國、日本分別退出國聯。

一九三六年

＊世界政經要事紀

・此時歐洲戰雲密布，希特勒揚言不利於猶太人。
・西班牙內戰。
・羅馬、柏林成立軸心。
・德日簽訂反共協定。
・十二月，中國發生西安事變。

一九三七年

＊世界政經要事紀

・義大利退出國聯。
・中國發生蘆溝橋事變，抗戰開始。

一九三八年

＊波柏要事紀

・三月間希特勒占奧地利，決定將其歷年來對於社會問題之研究寫作出書。此書名爲《歷史主義的貧困》，初次引進「情況邏輯」的觀念。

＊世界政經要事紀

・德併奧國。

・簽訂慕尼黑協定，瓜分捷克蘇德台區予德。

一九三九年

＊波柏要事紀

・《歷史主義的貧困》內容分寫成兩書，其中一本爲波柏的成名作品：《開放社會及其敵人》。

＊索羅斯要事紀

・九月，二次世界大戰爆發。同年，蘇俄軍隊入侵芬蘭，年幼的索羅斯趕至報館響應援助芬蘭的籲求。

＊世界政經要事紀

・德併捷克。

・西班牙內戰結束。

・德蘇簽訂互不侵犯條約。

・德進攻波蘭，二次大戰開始。

一九四〇年

＊波柏要事紀

・研究純粹邏輯，企圖建立一種簡易的（自然）演繹系統，以改進邏輯教學，同時也希望，這系統能解決塔斯基所提之邏輯語詞與非邏輯語詞的分界問題。

・也思考有關邏輯應用的問題，特別是應用在實際的科學發現上。

＊索羅斯要事紀

・入學就讀。

＊世界政經要事紀

・德義日三國同盟。

・汪精衛在南京成立僞政府。

一九四一年

＊世界政經要事紀

・美國通過租界法案。

・德軍入侵蘇聯。

・羅斯福、邱吉爾發表大西洋憲章。

・十二月，日本偷襲珍珠港，美對日宣戰。

一九四三年

*世界政經要事紀

・第三國際解散。

・義大利投降。

・英美俄國外長召開莫斯科會議，決定成立歐洲諮詢委員會（EAC）。

一九四四年

*波柏要事紀

・《歷史主義的貧困》在英國《經濟》期刊連載。

*索羅斯要事紀

・德軍侵入布達佩斯，其父爲家人購買非猶太人的假身分證件，並不時更換藏身處所，以躲避納粹的屠殺，這段經驗讓他學會冒險求生的藝術。

*世界政經要事紀

• 盟軍登陸諾曼地。
• 德軍侵入匈牙利。

一九四五年

*波柏要事紀

• 《開放社會及其敵人》在倫敦出版。此書讓波柏在英語世界中聲名大噪。

*索羅斯要事紀

• 二次大戰結束，返回學校唸書。

*世界政經要事紀

• 二月邱吉爾、羅斯福、史達林召開雅爾達會議。
• 五月德國投降。
• 六月英美法蘇四國簽定柏林協定。
• 七月美國試爆原子彈成功。
• 七月對日發表波茨坦宣言。
• 八月美軍投原子彈於廣島。

‧十月聯合國成立。

‧十月台灣光復。

一九四六年

＊世界政經要事紀

‧聯合國召開第一次大會，隨後成立安理會。

一九四七年

＊波柏要事紀

‧企圖以「能夠傳遞眞理」概念爲基礎，去定義所有的邏輯語詞，以建造出整個邏輯系統，最後波柏承認失敗，但其研究卻影響了數理邏輯家 Evert Beth 提出「語意表」，日後 Beth 的研究發展成了今日的「樹枝法」。

＊索羅斯要事紀

‧對於蘇聯在匈牙利政府所扮演的角色抱持懷疑的態度，因而決定獨自離鄉遠赴英國倫敦。

＊世界政經要事紀

・美提出馬歇爾計畫，援助歐洲重建。
・美國衆議員肯南發表對共黨的「圍堵政策」。

一九四八年

＊索羅斯要事紀
・在英國的生活相當艱困，以做臨時工爲生。
・夏季，參加「徒手救土地」（Land a Hand on the Land）的計畫，到農場工作，並發動罷工，爲農場工人爭取按件計酬的待遇，至今仍對當時貧困的生活記憶深刻。

＊世界政經要事紀
・聯合國發表《世界人權宣言》。
・甘地遇刺。

一九四九年

＊波柏要事紀
・晉升爲倫敦經濟學院「邏輯與科學方法教授」。

＊索羅斯要事紀

・進入倫敦經濟學院（London School of Economics）就讀。希望學得經濟學實務訓練以及研習當前國際局勢。

＊世界政經要事紀

・北大西洋公約組織（NATO）成立。

一九五〇年

＊波柏要事紀

・應哈佛大學之邀赴美，擔任「威廉・詹姆斯講座」系列演講的主講人。

＊世界政經要事紀

・韓戰爆發。

一九五一年

＊索羅斯要事紀

・始閱讀卡爾・波柏《開放社會及其敵人》一書。由於本身經歷過極權統治，頗能領會「開放社會」的眞諦，也促使其於往後投入「開放社會」的公益慈善工作。

・稍後熟讀該書，並親自向波柏求教，波柏亦時常鼓勵他認眞思考世界運作方式。

・這段期間致力於知識追求，夢想成爲愛因斯坦或凱因斯，擁有崇高的思想家地位。青年索羅斯在這一年進入了哲學思辨的殿堂。

一九五二年

＊波柏要事紀

・擔任「英國科學史學會科學哲學組」（亦即現在的「英國科學哲學學會」）主席，呼籲吾人不應固守領域，重要的是以「問題」求眞，「問題」會衝破人爲的領域劃分。

＊索羅斯要事紀

・著手寫一本名爲《意識的負擔》（*The Burden of Consciousness*）的小書，提出他對開放和封閉社會的見解。因爲無法滿意白己的寫作內容，遂丟棄手稿。

一九五三年

＊波柏要事紀

・主張沒有任何邏輯或語言分析的方法能夠判定哲學沒有意義，認爲相信有此種方法存在的人，是由於不了解語言哲學。

＊索羅斯要事紀

・自倫敦經濟學院畢業。

・進入 Singer & Friedlander 公司，成爲專做黃金類股套利交易員，逐漸發現金融操作工作的迷人之處。

一九五五年

＊世界政經要事紀

・五月五日巴黎條約生效，西德恢復主權，翌日加入 NATO。

・以蘇聯爲首的華沙公約組織成立。

一九五六年

＊波柏要事紀

・發表「時間之箭」。

＊索羅斯要事紀

・遷居紐約，同年父母離開匈牙利，與之團聚。

・透過介紹，在梅爾公司（F. M. Mayer）擔任套利交易員的工作。

*世界政經要事紀

・匈牙利發生反俄大暴亂。

一九五七年

*波柏要事紀

・《歷史主義的貧困》英文本首次合訂成書出版。

*世界政經要事紀

・歐洲共同市場 EEC 成立。

一九五八年

*波柏要事紀

・面對當時英國著重語言分析的潮流，波柏呼籲回復到早期希臘哲學家的精神，恢復對吾人所居的世界和對它的知識產生興趣，同時亦學習他們的理性批評。

一九五九年

*波柏要事紀

・著作《研究的邏輯》譯成英文，並改名爲《科學發現的邏輯》。

一九六一年

＊波柏要事紀

・受邀在「德國社會學協會」會議演講。波柏以「社會科學之邏輯」爲題，提出廿七條論旨。結果在德國引出一場社會哲學論戰，持續十餘年。（有關本歷史文獻內容可參見台北開放社會研究中心網站）馬克思主義學者特別針對此文獻，對波柏展開不遺餘力的批評。

・波柏在其知識論裡明白地引進達爾文進化論的觀念。

＊索羅斯要事紀

・與第一任妻子安娜麗絲（Annalise）結婚。

・歸化爲美國公民。

＊世界政經要事紀

・甘迺迪當選美國總統。

一九六二年

＊索羅斯要事紀

・完成《意識的負擔》一書的寫作。

*世界政經要事紀

・發生古巴飛彈危機。

一九六三年

*波柏要事紀

・出版《臆測與駁斥：科學知識之成長》。書中主張：我們能夠從錯誤中學習。學習的方式，就是藉著「臆測」與「駁斥」這兩道程序不斷地交互運用。知識便是在這程序中，不斷地成長。此時波柏思想己臻圓熟，索羅斯哲學思想的發展受到本書的啓發最大。

*索羅斯要事紀

・任職安候公司（Arnhold & S. Bleichroeder），擔任分析師的工作。由於具有在倫敦任事的背景，使得索羅斯極能掌握歐洲市場的投資趨勢，在公司有相當不錯的表現。

・與波柏再度相會。將《意識的負擔》一書的手稿交予波柏，波柏對該份手稿有相當不錯的評價，但後來因知悉索羅斯出身於東歐共產國家而非美國，對其手稿評價打了折扣。但波柏仍鼓勵其繼續從事思考的工作。由於索羅斯本人一直無法滿意書中的內容，故未曾將書付梓，意識到自己從事哲學研究能力上的限制，故中綴鑽研哲學。

＊世界政經要事紀

・美國甘迺迪遇刺身亡。

一九六四年

＊波柏要事紀

・波柏與卡納普的爭論達到了高峰。

・「時間之箭」的爭論，仍在繼續。

一九六五年

＊波柏要事紀

・被英國女皇冊封為爵士，以表揚他對當代學術文化之貢獻。

一九六六年

＊波柏要事紀

• 四月，赴美國華盛頓大學演講，講題爲「論雲與鐘：人的自由與理性問題之一種解決辦法」。

• 發表〈關於眞理內容的一個定理〉，再度企圖用塔斯基的系統推演，去闡明其「眞理內容」和「逼眞」的觀念。

*世界政經要事紀

• 中國發生文化大革命。

一九六七年

*波柏要事紀

• 參加八月在阿姆斯特丹舉行的第三屆國際邏輯、方法學與科學哲學會議，發表〈沒有認識主體的知識論〉，強調其「第三世界」之重要。

*世界政經要事紀

• 中東戰爭，以色列大敗埃及。

• 阿拉伯產油國宣布對英美西德禁運。

一九六九年

＊波柏要事紀

・自倫敦經濟學院退休，擔任「邏輯與科學方法」教授正好二十年

＊索羅斯要事紀

・在安候公司成立名為「雙鷹基金」（Double Eagle Fund）的境外避險基金。這個基金的架構方式使得索羅斯能夠善用股票和債券作為擔保品去進行其他金融投資。由於操作績效良好，故吸引到許多國際客戶，也奠定日後他累積財富的基礎。

＊世界政經要事紀

・捷克布拉格大學學生Jan Palach自焚，引起學生運動。

一九七二年

＊波柏要事紀

・出版《客觀知識》，提出知識進化論與世界一—二—三的理論。

＊世界政經要事紀

・美國，發生水門事件。

一九七三年

＊索羅斯要事紀

・與吉姆・羅傑斯（Jimmy Rogers）共組「索羅斯基金管理公司」（Soros Fund Management），良好的績效使得二人漸受華爾街同業的注意。

一九七五年

＊波柏要事紀

・發表〈我的哲學觀〉一文，認爲人人都是哲學家，或若有人不曾意識到他有哲學問題，至少他也有一些有關宇宙人生的哲學成見。波柏主張爲改進這些視爲當然的「成見」（或「理論」），我們必須具備批判的精神，而哲學研究原動力就在於批判。

一九七六年

＊波柏要事紀

・出版《學無止境》。

一九七七年

＊波柏要事紀

・與艾克利合著《自我及其頭腦：爲交互作用論辯護》出版。

*世界政經要事紀

・捷克自由份子發表《七七憲章》。

一九七八年

*索羅斯要事紀

・將基金改為「量子基金」(Quantum Fund),一方面用以紀念德國物理學家海森堡(Heisenberg)所提量子力學的不確定原理,但眞正原因是為將個人的名字由基金中去除。

一九七九年

*波柏要事紀

・《客觀知識》修訂本出版。波柏在書後加一附錄,回答近年來該書所受到之批評。

*索羅斯要事紀

・於紐約成立第一個開放社會基金組織。

*世界政經要事紀

・基金成長迅速,逐漸感受到工作的壓力。

・歐洲匯率穩定機制（ERM）成立，爲創立歐洲單一貨幣計畫中的第一個機制，中心匯率以馬克爲基準。

一九八〇年

＊索羅斯要事紀

・由於與羅傑斯在公司的經營管理的理念上出現歧見，迫使兩人合作告終。

・至該年止，基金成長了百分之三千三百六十五，基金淨值達到三億八千一百萬美元。

＊世界政經要事紀

・波蘭發動工潮。

・蘇俄入侵阿富汗。

・兩伊戰爭爆發。

一九八一年

＊索羅斯要事紀

・對於自己的事業首次出現認同危機，也間接影響了他對工作決策的判斷。

・夏季，基金的經營遭受嚴重虧損，受益憑證價格大跌，促使投資人紛紛退出基金。

• 與第一任妻子安娜麗絲離婚。

一九八二年

＊索羅斯要事紀

• 考慮退居半職工作。把基金經營業務交由其他經理人代爲管理，而僅負督導之責，不再積極參與經營。此種經營方式未獲進展，故僅持續至一九八四年。

＊世界政經要事紀

• 英阿福克蘭戰爭。

一九八三年

＊索羅斯要事紀

• 再婚，第二任妻子蘇珊・韋伯（Susan Weber）往後成爲他從事開放社會工作的重要助手。

一九八四年

＊索羅斯要事紀

• 於匈牙利成立索羅斯基金會。

一九八五年

*索羅斯要事紀

・重新積極返回金融市場。決定撰寫有關個人投資方法的專書，用以說明理論與實驗足以影響他們所牽涉的主題。並開始有所謂「即時實驗」（Real-time Experiment）的進行。

*世界政經要事紀

・美俄高峰會揭幕。

・以色列開始由黎巴嫩撤軍。

一九八六年

*索羅斯要事紀

・在中國大陸籌設基金會，開始進行他在中國大陸的開放社會行動。

一九八七年

*索羅斯要事紀

・出版《金融煉金術》（*The Alchemy of Finance*）一書。將其進行投資時所使用的思想架構完整陳述。

・十月二十日華爾街股市崩盤。由於對日本股市崩跌做出錯誤預測，而遭受極大的損失。

・於前蘇聯建立索羅斯基金會。

*世界政經要事紀

・十月，美國華爾街股市大崩盤，世界股市隨之劇跌。

一九八八年

*索羅斯要事紀

・朱肯米勒（Stanley Druckenmiller）加入量子基金的經營團隊，並於次年獲得索羅斯充分授權，接掌基金的業務。

・設於中國大陸的基金會運作牽扯上中共內部的鬥爭，故將其撤銷。

・設立了涵蓋二十五個國家的基金會網路體系。

*世界政經要事紀

・蘇聯自阿富汗撤軍。

・八月，兩伊戰爭停火。

一九八九年

*世界政經要事紀

・六月，中共軍隊在北京天安門廣場血腥鎮壓民運群衆。

・十一月，東德內閣總辭，柏林圍牆倒塌。

・捷克共黨雅支西等共黨高階人士下台。

・東德共黨放棄共黨專政地位。

・十二月，布希與戈巴契夫舉行馬爾他高峰會議加速結束冷戰。

・保加利亞共黨宣布結束共黨專政。

・羅馬尼亞爆發反政府動亂，軍隊血腥鎮壓。

・布希下令出兵入侵巴拿馬。

・十二月二十二日，羅馬尼亞共黨政權垮台，獨裁者希奧塞古出亡。二十六日，成立臨時政府，宣布黨政分離。

一九九〇年

*索羅斯要事紀

・於布達佩斯及華沙等地籌設中歐大學。

・撰寫《蘇聯體制的開放》一書。

*世界政經要事紀

・二月，南非總統戴克拉克宣布開放「非洲民族黨」等政治性組織爲合法政黨，釋放黑人領袖曼德拉。

・二月，戈巴契夫在中央委員會全體會議中宣布放棄共產專政，三月，戈巴契夫當選第一任蘇聯總統，隨即宣誓就職。

・八月，伊拉克入侵科威特。

・十月，東西德正式統一，定都柏林。

一九九一年

*世界政經要事紀

・一月，美國與盟國部隊展開「沙漠風暴」行動，波灣戰爭爆發。

・蘇聯總統戈巴契夫在共黨右翼強硬派份子發動的政變中遭推翻。

・蘇聯將政權轉移至俄羅斯，共產帝國瓦解。

一九九二年

＊索羅斯要事紀

・擊垮英格蘭銀行。由於英國經濟衰退，故索羅斯預測該國無法將國家的利率維持在「歐洲匯率穩定機制」所要求的高水準，利率必然降低而匯價勢必走軟。大舉放空英磅，導致英國退出 ERM。

＊世界政經要事紀

・南斯拉夫發生內戰・捷克斯洛伐克和平分裂成二個國家。

・二月七日歐洲共同體（European Community）十二會員國簽署馬斯垂克條約（Maastricht Treaty），目的是爲了區域性的貨幣統一和經濟體系做準備。

一九九四年

＊波柏要事紀

・九月，與世長辭，享年九十二歲。

＊索羅斯要事紀

・介入墨西哥金融風暴，墨西哥披索貶值四成。

*世界政經要事紀

・一月一日歐洲共同體十二國包括歐洲自由貿易協會的國家將合併爲一個市場，世界最大單一市場歐洲經濟區（EEA）誕生。

・四月，關稅暨貿易總協定（GATT）烏拉圭回合談判之各國代表決議並宣布世界貿易組織（WTO）於九五年一月一日成立。

・五月以色列和巴勒斯坦解放組織簽署歷史性協定，賦予加薩走廊與約旦河西岸巴人自治權力。

・十二月，俄軍進攻車臣。

・年底，墨西哥爆發金融危機。

一九九五年

*索羅斯要事紀

・波洛尼亞大學授予他最高榮譽博士學位。

*世界政經要事紀

・一月，日本中部關西地區發生大地震。

・英國霸菱銀行因旗下營業員不當操作衍生性金融商品失敗，遭鉅額虧損，宣布破產。

一九九六年

＊索羅斯要事紀

・出版《超越指數》（*Soros on Soros*）一書。闡述白身的成長歷程、投資概念、人生哲學及金融操作理論。

＊世界政經要事紀

・聯合國大會通過全面禁止核子試爆。

・年底，日本駐秘魯大使館遭秘魯左派圖帕克阿馬魯游擊隊突襲。

一九九七年

＊索羅斯要事紀

・東南亞金融風暴發生，馬來西亞總理馬哈迪指控索羅斯參與炒作泰銖，並認爲索羅斯欲藉此一行動對泰國與馬來西亞施壓，以達到阻止緬甸加入東盟的目的。

＊世界政經要事紀

・英國科學家成功複製羊，代表人類文明進入了新的階段。
・下半年開始，泰國在國外投機客摜壓泰銖之下，因經濟基本面羸弱而應聲倒地，風暴擴及東南亞各國，並波及日本、韓國。

一九九八年

＊索羅斯要事紀

・年初即明確指出亞洲金融風暴方興未艾，其後果然準確的預測亞洲金融風暴的發展。

＊世界政經要事紀

・亞洲金融風暴持續擴大，日本爲震央。

（一般傳統年表通常以簡略的方式進行陳述，對於理解哲學家思想發展的作用效果極爲有限，因爲思想家一生思想多是以成長的方式在發展，所以事實上了解其思想發生於何時，及所受到的啓發爲何事實上相當重要。本表的編排方式是以思想家主觀的處境爲主軸，同時穿插影響其思想發展的外在客觀因素，使得讀者能夠輕易的掌握研究對象在提出某一種思想時的時空背景與主觀因素，這個研究方法的運用，在今日資訊科技高度發展的時代中，實在是一個基本且必備的研究工具。

本文的編纂工作，得到現任台北開放社會研究基金會籌備處執行秘書許慈恒小姐相助甚多，在此特別致謝。）

參考文獻

中文專書

于超、王革等編，《哲學相近概念比較研究》，山東，山東大學，一九八八。
王星拱著，《科學方法論》，台北，水牛，一九八八。
戈丁著，李永久譯，《科學、眞理、宗教與倫理》，台北，帕米爾，一九六八。
日本近代經濟學研究會編，陳榮貴譯，《世界十五大經濟學》，台北，志文，一九八七。
方世杰編著，《經濟學概論》，台北，五南，一九九三。
孔恩著，王道環譯，《科學革命的結構》，台北，遠流，一九八九。
孔恩著，程起銘譯，《必要的緊張關係》I‧II，台北，結構群，一九八九。
中村元著，《東方民族的思維方法》，台北，結構群，一九八七。

王超群著，《思維解密》，台北，中華徵信，一九九八。
巴斯卡著，雷文炳編撰，《巴斯卡深思錄》，台北，光啟，一九八六。
卡納普等著，江天驥編，《科學哲學和科學方法論》，台北，華夏，一九八八。
卡爾．巴柏著，莊文瑞、李英明譯，《開啓社會及其敵人》，台北，桂冠，一九八八。
卡爾．巴柏著，李豐斌譯，《歷史定論主義窮困》，台北，聯經，一九八一。
卡爾．巴柏著，程實定譯，《客觀知識》，台北，結構群，一九八九。
卡爾．巴柏著，蔡坤鴻譯，《臆測與駁斥》，台北，幼獅文化，一九八九。
卡爾．巴柏著，劉久清譯，《封閉社會的敵人巴柏》，台北，北辰，一九八八。
江天驥著，《當代西方科學哲學》，台北，谷風，一九八八。
杜祖貽編，《西方社會科學理論的移植與應用》，台北，遠流，一九九三。
杜維運著，《史學方法論》，台北，三民，一九八六。
何秀煌著，《記號學導論》，台北，水牛，一九九二。
何秀煌著，《邏輯》，台北，東大，一九九一。
何秀煌著，《人性、記號與文明》，台北，東大，一九九二。

參考文獻

李幼蒸編譯，《結構的時代》，台北，谷風，一九八八。

波亨斯基著，郭博文譯，《當代歐洲哲學》，台北，協志，一九八八。

波亨斯基著，王弘五譯，《哲學講話》，台北，鵝湖，一九八七。

林正弘著，《符號邏輯》，台北，正中，一九八七。

林正弘著，《邏輯》，台北，正中，一九八六。

林正弘著，《伽利略、波柏、科學說明》，台北，東大，一九九一。

拉卡托斯著，范建年等譯《科學研究綱領方法論》，台北，商務，一九九二。

邱仁宗編，《二十世紀西方哲學名著導讀》，湖南，湖南出版社，一九九一。

法伊阿本德著，《自由社會中的科學》，台北，結構群，一九九〇。

武長德著，《科學哲學——科學的根源》，台北，五南，一九八四。

武長德著，《科學哲學——科學的根源》，台北，五南，一九八四。

金觀濤著，《人的哲學》，台北，駱駝，一九八九。

金觀濤、華國凡著，《控制論和科學方法論》，台北，谷風，一九八三。

金吾倫著，《科學發現的哲學》，台北，水牛，一九九三。

金吾倫著，《托馬斯・庫恩》，台北，遠流，一九九四。
沈銘賢、王淼洋編，《科學哲學導論》，上海，上海教育，一九九一。
英・艾耶爾編，陳少鳴、王石金譯，《哲學中的變革》，台北，谷風，一九八七。
洪謙著，《邏輯經驗主義論文集》，台北，遠流，一九九〇。
洪謙主編，《現代西方哲學論著選輯》，台北，商務，一九九三。
洪漢鼎著，《語言學的轉向》，台北，遠流，一九九二。
懷特編，杜任之譯，《分析的時代》，台北，谷風，一九八六。
高希均著，《經濟學世界》，台北，天下，一九八八。
梁瑞祥著，《思考的軌跡——論馬里旦知識等級說的融合問題》，台北，中華徵信，一九九八。
笛卡兒著，錢志純、黎惟東譯，《方法導論、沈思錄哲學原理》，台北，志文，一九八九。
笛卡兒著，錢志純編譯，《我思故我在》，台北，志文，一九八七。
康德著，《純粹理性批判》，台北，仰哲，一九八七。
理察・羅蒂著，李幼蒸譯，《哲學和自然之鏡》，台北，桂冠，一九九〇。

馬基著，周仲庚譯，《卡爾・巴柏》，台北，龍田，一九七九。

舒煒光、邱仁宗著，《當代西方科學哲學述評》，台北，水牛，一九九〇。

舒煒光著，《科學哲學導論》，台北，五南，一九九四。

張則堯著，《財政學原理》，台北，中國經濟月刊社，一九八八。

張清溪、許嘉棟、劉鶯釧、吳聰敏著，《經濟學》，台北，雙葉，一九九三。

張文傑編譯，《現代西方歷史哲學譯文集》，台北，谷風，一九八七。

張之傑著，《演化的哲學》，台北，正中，一九八三。

趙敦華著，《卡爾・波普》，台北，遠流，一九九一。

維斯洛博科夫著，元禾譯，《論物質和運動的不可割裂性》，北京，三聯，一九五七。

劉元亮等編著，《科學認識論與方法論》，台北，曉園，一九九〇。

樊綱著，《市場機制與經濟效率》，台北，遠流，一九九三。

鍾倫納著，《應用社會科學研究法》，台北，商務，一九九三。

羅素著，林衡哲譯，《羅素回憶錄》，台北，志文，一九八七。

羅素著，鄧宗培譯，《科學對社會的影響》，台北，協志工商，一九七九。

魏鏞著，《社會科學的性質及發展趨勢》，台北，商務，一九七一。
Alston W. 著，牟博、劉鴻輝編譯，《語言哲學》，北京，三聯，一九八八。
Beichenbacb H. 著，蔡信健譯，《時空的哲學》，台北，銀禾，一九八七。
Geertz C. 著，簡惠美譯，《資本主義與現代社會理論‧馬克思、涂爾幹、韋伯》，台北，遠流，一九八九。
Gold S. 著，李執中等譯，《科學方法新論》，台北，桂冠，一九九三。
Needham J. 著，范庭育譯，《大滴定》，台北，帕米爾，一九八七。
Hare R. 著，黃慧英、方子華譯，《道德思維》，台北，遠流，一九九一。
Heilbroner R. I. 著，蔡仲章譯，《改變歷史的經濟學家》，台北，志文，一九八八。
Haclcing I. 著，蔣明慧譯，《科學哲學與實驗》，台北，桂冠，一九九一。
Homans G. C. 著，楊念祖譯，《社會科學的本質》，台北，桂冠，一九九一。
Lakatos I. 著，康宏達譯，《證明與反駁》，上海，上海譯文，一九八七。
Lakatos I. 著，康宏達譯，《科學研究綱領方法論》，上海，上海譯文，一九八七。
Sauton G. 著，陳中人譯，《科學的生命》，台北，結構群，一九九〇。

Smith A. 著，周寒文譯，《國富論》，台北，台灣銀行經濟研究室，一九八一。

Soros G. 著，霍達文譯，《超越指數》，台北，金錢文化，一九九七。

Soros G. 著，俞濟群、黃嘉斌譯，《金融煉金術》，台北，寰宇，一九九五。

Staniland W. 著，胡祖慶譯，《政治經濟學導論》，台北，五南，一九九〇。

Weber M. 著，于曉譯，《新教倫理與資本主義精神》，台北，谷風，一九八八。

Weber M. 著，簡惠美譯，《中國的宗教：儒教與道教》，台北，遠流，一九八九。

Whitehead A. N. 著，傅佩榮譯，《科學與現代世界》，台北，黎明，一九八一。

其他參考書目

江天驥編，《科學哲學和科學方法論》，台北，華夏，一九八八。

沈力、曲畢永編，《批判與知識的增長》，台北，結構群，一九九〇。

劉元亮等編著，《科學認識論與方法論》，台北，曉園，一九九〇。

外文專書

Alston W.: *Philosophy of Language*, Prentice-Hall, U.S.A., 1964.

Bochenski J. M. edit: *Modern Europe Philosophy*, Harper & Row, N.Y., 1954.

Bochenski J. M.: *Philosophy: An Introduction*, Harper& Row, N.Y., 1954.

Bochenski J. M.:*The Methods of Contemporary Thought*, Harper & Row, N.Y., 1968.

Cotter, A. C., S. J. edited, A. B. C of Scholastic Philosophy, The Weston College Press, Massachusetts, 1909.

Copleston, F.: *A History of Philosophy*, Vol. I-VIII, The Search Press, London, 1976.

Copleston, F.: *Contemporary Philosophy*, Newman Press, N.Y., 1976.

Begg D.: *Economics*, Mcgaw-hill Book Com., England, 1994.

Descartes, Rene: *Discourse on Method and Meditations on First Philosophy*, trans. by Donald A. Cress, Hackett Publishing Company, 1985.

Descartes, Rene: *Philosophical Works*, trans & edit by Haldane & Ross, 1931.

Feyerabend P.: *Science in a Free Society*, Lowe & Bydone, London, 1978.

Feyerabend P.:*East Asia Tradition and Transformation*, Harvard Uni., U.S.A., 1978.

Fairbank J.: *East Asia Tradition and Transformation*, Harvard Uni., U.S.A., 1978.

Geertz C.: *Capitalism and Modern Social Theory An Analysis of the Writings of Max, Durkheim and Weber*, Cambridge Uni. Press, London, 1971.

Kant I.: *Critique of Pure Reason*, trans. by Norman Kemp Smith, Macmillan Ltd., London, 1961.

Kuhn T.: *The Structure of Scientific Revolutions*, Uni. Chicago, U.S.A., 1970.

Kuhn T.: *The Essential Tension, Uni.* Chicago, U.S.A, 1970.

Kohlberg L.: *The Philosophy of Moral Development*, Happer & Row, U.S.A., 1981.

Lakatos I.: *Proofs and Befntations*, Cambridge Uni, UK, 1976.

Magee B.: *Popper*, Fontana, London, 1973.

Needham J.: *The Grand Titbation*, George Allen & Unwin Ltd., UK, 1969.

O'Hear A.: *Karl Popper*, Unwin Brother Ltd., London, 1982.

Popper K.: *The Logic of Scientific Discovery*, Happer & Row, U.S.A., 1968.

Popper K.: *The Open Society and its Enemies*, Routledge & Kegan Paul, London, 1945.

Popper K.: *Objective Knowledge*, Oxford Uni., London, 1972.

Popper K.: *The Poverty of Historicism*, Routledge & Kegan Paul, London, 1957.

Popper K.: *Conjectures and Refutations*, Routledge & Kegan Paul, London, 1963.

Popper K.: *In Search of A Better World*, Routledge, N.Y., 1992.

Popper K.: *The Self and Its Brain*, Joint author J. Eccles, Spring International, Germany, 1977.

Popper K.: *The Open Universe*, Rowman & Littlefield, U.S.A., 1982.

Popper K.: *Realism and the Aim of Science*, Rowman and Littlefield, U.S.A., 1983.

Popper K.: *Unended Quest*, T. J. Press, Great Britain, 1992.

Ricoeur P.: *Husserl: An Analysis of His Philosophy*, trans. by Edward G. Ballard and Lester E . Embree, Northwestern Uni. Press, U.S.A., 1967.

Schilp P.(ed.): *The Philosophy of Science*, 2 Vols, Open Court, La Salle, Illinois, 1974.

Spiegelberg H.:*The Phenomenological Movement*, Martinus Nifhoff Publishers, The Hague Press, U.S.A., 1982.

Soros G.: *Soros on Soros*, John Wiley & Sons, Inc., N.Y., 1995.

Soros G.: *The Alchemy of Finance*, John Wiley & Sons, Inc., N.Y., 1994.

Weber M.: *The Protestaint Ethic and the Spirit of Capitalism*, N.Y., 1958.

Wittgenstein L.: *Tractatus Logico-Philosophicus*, Richard Clay (The Chaucer Press), Grent Britain, 1972.

Wittgenstein L.: *Philosophical Investigations*, Basil Blackwell & Mott, London, 1958.

英文其他參考書目

Glyn A. & Frisby F. trans: *The Positivist Dispute in German Sociology*, Heineman Educational Books Ltd., London, 1977.

Magill I. edit: *World Philosophy*, Salem press, U.S.A., 1961.

Newton-Smith W. H. & Jiang Tianji edit: *Popper in China*, Roytledge, London, 1992.

國家圖書館出版品預行編目資料

解構索羅斯：索羅斯的金融市場思維 / 王超群
著. -- 初版. -- 台北市：生智，1998 [民 87]
面；　公分. -- （Money Tank；1）
參考書目：面
ISBN　957-8637-58-6（平裝）

1. 索羅斯 (Soros, George) - 學術思想 - 金
融 2. 投資 3. 金融

563.5　　87006782

解構索羅斯—索羅斯的金融市場思維　　Money Tank 01

著　　者／王超群
出 版 者／生智文化事業有限公司
發 行 人／林新倫
總 編 輯／孟　樊
執行編輯／晏華璞
登 記 證／局版北市業字第 677 號
地　　址／台北市文山區溪洲街 67 號地下樓
電　　話／(02)2366-0309　2366-0313
傳　　真／(02)2366-0310
E-mail　／ufx0309@ms13.hinet.net
印　　刷／科樂印刷事業股份有限公司
法律顧問／北辰著作權事務所　蕭雄淋律師
初版一刷／1998 年 10 月
定　　價／新台幣 160 元
ISBN　／957-8637-58-6

北區總經銷／揚智文化事業股份有限公司
地　　址／台北市新生南路三段 88 號 5 樓之 6
電　　話／(02)2366-0309　2366-0313
傳　　真／(02)2366-0310
南區總經銷／昱泓圖書有限公司
地　　址／嘉義市通化四街 45 號
電　　話／(05)231-1949　231-1572
傳　　真／(05)231-1002